21世纪经济管理精品教材
工商管理系列

大农业与食品企业案例集

舌尖上的战略管理

谷征 ◎ 著

清华大学出版社
北京

内 容 简 介

战略管理作为工商管理学科的重要课程，旨在培养学生站在企业高层管理者的角度，通过全面梳理和系统分析企业的目标、外部环境、内部能力等方面，鉴别出适合自身发展的方向和途径，以获取竞争优势，实现获取可持续卓越绩效的谋篇布局。本书基于农业产业，从战略管理的分析框架系统分析和梳理了七家具有代表性的正处于快速成长中的农业企业。以问题为导向，激发学生主动思考、自我寻求解决方案的能力，为商学院工商管理专业学习者和企业管理人员提供了系统剖析农业企业战略和经营的真实样本，以求为我国农业和食品行业发展培养更多的高水平复合型管理人才。本书适用于"战略管理""创业管理""企业经营模拟实训""供应链管理实训"等课程的教学和实验。

本书封面贴有清华大学出版社防伪标签，无标签者不得销售。
版权所有，侵权必究。举报: 010-62782989, beiqinquan@tup.tsinghua.edu.cn。

图书在版编目（CIP）数据

大农业与食品企业案例集：舌尖上的战略管理 / 谷征著 . —北京：清华大学出版社，2021.4
21世纪经济管理精品教材 . 工商管理系列
ISBN 978-7-302-57744-7

Ⅰ.①大… Ⅱ.①谷… Ⅲ.①农业企业管理-案例-中国-教材②食品工业-工业企业管理-案例-中国-教材 Ⅳ.① F324 ② F426.82

中国版本图书馆 CIP 数据核字（2021）第 050911 号

责任编辑：刘志彬　朱晓瑞
封面设计：李召霞
责任校对：宋玉莲
责任印制：丛怀宇

出版发行：清华大学出版社
　　网　　址：http://www.tup.com.cn, http://www.wqbook.com
　　地　　址：北京清华大学学研大厦 A 座　　邮　编：100084
　　社 总 机：010-62770175　　邮　购：010-62786544
　　投稿与读者服务：010-62776969, c-service@tup.tsinghua.edu.cn
　　质量反馈：010-62772015, zhiliang@tup.tsinghua.edu.cn
印 装 者：三河市金元印装有限公司
经　　销：全国新华书店
开　　本：185mm×260mm　　印　张：11.5　　字　数：266 千字
版　　次：2021 年 5 月第 1 版　　印　次：2021 年 5 月第 1 次印刷
定　　价：49.00 元

产品编号：090796-01

序 言

在新时代，中国大农业与食品企业发展迅猛，农业中各行业整合速度加快，各细分领域的独角兽企业层出不穷。农业产业的最终目的是为老百姓提供安全、优质、健康的食品。企业是这一目的的承载者、推动者和守门人。一方面，传统农业企业展现出了新的套路和打法，借助互联网、新零售等创新平台和工具大幅缩短产业链条，塑造品牌，更有效率地将农产品提供给消费者。另一方面，诸多原非农业企业和企业家纷纷涉足大农业与食品行业，带给行业全新的理念和运营模式。

管理案例是商学院案例教学的支柱和载体。案例教学还原了真实企业在真实市场中的决策场景，使学生从企业管理者角度，提炼企业面临的问题，分析其根本原因，提出切实可行的解决方案。案例教学是理论与实践结合程度极高的教学方法，在 MBA 和 EMBA 教学中被广泛使用。

战略管理作为工商管理学科的重要课程，旨在培养学生站在企业高层管理者的角度，通过全面梳理和系统分析企业的目标、外部环境、内部资源能力等方面，找出适合自身发展的方向和路径，以获取竞争优势，完成以实现可持续卓越绩效为目标的谋篇布局。

然而，当前聚焦中国农业企业战略管理的案例极少。农业产业的特性使工业和服务业企业的管理逻辑难以直接照搬至农业企业。由此，本书精选出近年开发的 7 篇管理案例。这些案例采编自我国大农业与食品领域的典型创业企业，以问题为导向，从战略管理角度切入，为学习者提供了经典战略管理理论在我国大农业与食品领域代表性企业被应用的范例。本书适用于"战略管理""创业管理""企业经营模拟实训""供应链管理实训"等课程的教学和实验。

精选的案例不仅涉及种植、养殖、渔业、农业互联网、设施装备等农业细分领域，分布在北京、上海、广东、辽宁、河北、内蒙古和云南这些地区，还在理论层面涵盖了聚焦战略、成本领先战略、差异化战略、蓝海战略、战略转型、核心竞争力等主要知识点。本书力求在有限的篇幅内尽可能为学习者呈现多样化的分析样本，以期读者能够明晰分析逻辑，举一反三，为管理实践提供帮助和参考。

付文阁教授以师傅带徒弟的方式引领、指导、把关案例开发，使各篇案例理论基础扎实、应用分析严谨，直接切中关键问题，解决方案落地可行。中国农业大学经济管理学院尹金辉书记、司伟院长、李军教授、案例研发中心陈红华教授为案例开发提供了全方位的支持。向南博士为各案例的理论分析梳理和撰写规范做了大量细致入微的工作。夏层层、程伟、殷鑫、张伟、李昱、庞亚涛、曾雯婷依次为本书中各案例的开发和采编付出了大量时间和精力。中国农业大学研究生院、中国农业大学教育基金会为案例开发和案例集出版提供了资助。借此案例集出版机会，由衷感谢以上各位领导、老师、同学一直以来的教导和帮助。

  本书选取的案例，均被中国管理案例共享中心收录。感谢未曾谋面的匿名评审专家们，专家们宝贵的修改建议确保了各案例的水平和质量。各相关企业为案例开发提供了大量鲜活素材，创始人推心置腹、毫无保留的分享确保了案例采编质量，祝愿各位企业家早日实现创业的终极梦想。在此，还要感谢清华大学出版社的朱晓瑞老师，为本书最终能够呈现在读者面前做了大量细致烦琐的工作。

  本书精选的案例是对过去的总结和归纳，愿这些经验和教训能为商学院的战略管理案例教学和大农业与食品领域的企业管理人员提供些许参考，为我国农业企业发展贡献微薄之力。

  在案例开发过程中，作者对战略管理理论和企业运营的认知也在不断加深。水平有限，恳请各位读者就不足之处批评、斧正。

谷 征
2021 年 3 月 18 日

目　录

第一部分　案例正文

案例一　从种草莓到草莓种——思拜恩农业的聚焦战略 3
- 第一节　创始人背景 3
- 第二节　北京"女博士"到巴彦淖尔当"农民" 4
- 第二节　打造草莓全产业链 6
- 第四节　"女博士"转型"女老板" 9
- 第五节　全力以赴聚焦"无毒草莓苗" 12
- 第六节　"草莓种"再回"种草莓" 16
- 启发思考题 17

案例二　让国人不出国门吃遍世界海鲜——大连凯洋世界海鲜股份有限公司的战略转型 19
- 第一节　大连凯洋公司基本情况 20
- 第二节　战略转型的酝酿阶段：从"生意人"到"企业家"的成长之路 20
- 第三节　战略转型初期的探索阶段：从"海鲜贸易大咖"到"海鲜零售小白" 23
- 第四节　战略转型的提速阶段：董事长重新掌舵，六渠道百花齐放 26
- 第五节　机会与挑战并存的未来 29
- 启发思考题 30

案例三　走进大众的菊粉产业——维乐夫集团的战略转型 33
- 第一节　创立之初：菊苣大王成长之路 33
- 第二节　时逢变局：菊粉业务遭遇瓶颈 37
- 第三节　尝试转型：菊苣种植到食品加工 38
- 第四节　略感欣喜：C端市场初见成效 40
- 第五节　未来展望：机遇与挑战并存 41

启发思考题 ··· 41

案例四　七彩野地花生——紫色豹纹有点甜 ·· 43
　　第一节　创始人背景 ··· 43
　　第二节　从美妆到花生 ·· 44
　　第三节　打造全产业链公司 ·· 46
　　第四节　高速路上困难重重 ·· 48
　　第五节　尾声 ·· 51
　　启发思考题 ··· 52

案例五　大洋深处的软黄金——和之鳗的蓝海战略 ·································· 53
　　第一节　创始人背景 ··· 54
　　第二节　鳗鱼领域"新"发现 ·· 54
　　第三节　日本市场喜忧参半，延伸布局中国市场 ··································· 58
　　第四节　奇招制胜，中国市场迎来大发展 ·· 59
　　第五节　解密——许少武的新发型 ·· 62
　　第六节　疫情大考——和之鳗用新媒体提高业绩 ···································· 63
　　启发思考题 ··· 65

案例六　猪联网——当"养猪"遇上"互联网创新" ································ 67
　　第一节　创始人背景 ··· 68
　　第二节　从大北农到猪联网 ·· 68
　　第三节　布局养猪生态产业链 ·· 70
　　第四节　农信互联的业务演进 ·· 75
　　第五节　突如其来的非洲猪瘟 ·· 77
　　第六节　结语 ·· 78
　　启发思考题 ··· 78

案例七　"立足高效灌溉，打造智慧农业"——华维节水的战略选择 ········· 79
　　第一节　几经波折，何去何从（2001年以前） ······································· 80
　　第二节　点滴积累，终遇契机（2001—2006年） ···································· 81
　　第三节　开疆拓土，顺势而为（2007—2015年） ···································· 82
　　第四节　市场之争，运筹帷幄（2016—2017年） ···································· 84
　　第五节　尾声 ·· 87
　　启发思考题 ··· 88

第二部分　案例分析

案例一分析 ··· 91
第一节　适用课程与教学目的 ·· 91
第二节　分析思路 ·· 91
第三节　理论依据与分析 ·· 92
第四节　关键要点 ·· 103

案例二分析 ··· 105
第一节　适用课程与教学目的 ·· 105
第二节　分析思路 ·· 105
第三节　理论依据与分析 ·· 106
第四节　关键要点 ·· 117

案例三分析 ··· 119
第一节　适用课程与教学目的 ·· 119
第二节　分析思路 ·· 119
第三节　理论依据与分析 ·· 120
第四节　关键要点 ·· 129

案例四分析 ··· 131
第一节　适用课程与教学目的 ·· 131
第二节　分析思路 ·· 131
第三节　理论依据与分析 ·· 132
第四节　关键要点 ·· 138

案例五分析 ··· 139
第一节　适用课程与教学目的 ·· 139
第二节　分析思路 ·· 139
第三节　理论依据与分析 ·· 140
第四节　关键要点 ·· 150

案例六分析 ··· **151**

第一节 适用课程与教学目的 ··· 151
第二节 分析思路 ··· 151
第三节 理论依据与分析 ··· 152
第四节 关键要点 ··· 162

案例七分析 ··· **163**

第一节 适用课程与教学目的 ··· 163
第二节 分析思路 ··· 163
第三节 理论依据与分析 ··· 164
第四节 关键要点 ··· 174

第一部分
案例正文

案例一

从种草莓到草莓种

——思拜恩农业的聚焦战略

摘　要：本案例以云南思拜恩农业科技有限公司为对象，复盘公司由初创期的草莓全产业链布局到专注无毒草莓苗的转型过程，分析其转型的动因、过程和结果。旨在帮助学生学习和应用聚焦战略，深入理解核心竞争力对聚焦战略的支撑作用。

关键词：草莓、草莓苗、聚焦战略、核心竞争力

2019年6月，对于云南思拜恩农业科技有限公司（以下简称"思拜恩"）创始人尹淑萍博士来说，是一个意义非凡的时间点。由云南思拜恩与文山市政府合作建设的文山草莓科研示范园建成投产。同时，文山草莓产业发展研究院在文山市马塘镇成立，尹淑萍博士的草莓梦进入了"苗"的阶段。

思拜恩早在2013年就在内蒙古自治区巴彦淖尔市建立起第一块草莓种植基地。在这里，尹淑萍将她的草莓梦付诸实践，按照科学理论打造成草莓的全产业链公司。然而，高品质的草莓全产业链逐步形成后，辛辛苦苦经营的思拜恩公司的运营指标却不尽如人意，产品叫好不叫卖，营收赶不上前期固定资产的分摊折旧。尹淑萍博士不断思考公司最初的运营模式，直至2018年才跳出原有思维，摒弃原全产业链运营，聚焦到草莓种苗的培养和输出。2018年底开始在云南文山筹划建立种植基地，专攻草莓苗的培育和销售，取得初步成效。在国内农业各细分领域纷纷努力打造全产业链的大趋势下，思拜恩为什么反其道而行之，专注产业链中的一个环节呢？

第一节　创始人背景

思拜恩创始人尹淑萍堪称"学霸"，毕业于中国农业大学农学系，获得博士学位。1995年至2005年在北京市农林科学院果树研究所从事科研工作11年，后受聘于西班牙艾诺斯种业有限公司，任中国区总经理11年。2013年创业，建立内蒙古思拜恩农业科技有限公司。尹淑萍博士的工作经历，使其对草莓新品种、新技术和新设备的研发与引进、建设专业化草莓苗圃、繁育优质脱毒苗等拥有丰富的专业知识。同时，尹淑萍博士具备草莓行业的国际化视野，对国际主要草莓生产国的行业前沿动态有深入的认知和理解。

第二节　北京"女博士"到巴彦淖尔当"农民"

一、草莓相伴的"女博士"

在北京市农林科学院林业果树研究所，尹淑萍从事果树生物技术研究，从分子育种的角度研究草莓。在农科院工作的前五年，尹淑萍完成了她能够申请的几乎所有课题和课程，同时攻读了中国农业大学的农学博士。不甘心农科院朝九晚五的平淡工作，有更大抱负的尹淑萍博士于 2005 年底进入西班牙艾诺斯种业有限公司，从农科院的"科学家"摇身一变成为外企公司的"女高管"。尹淑萍博士在外企的主要工作是国外草莓品种推广，三分之一的时间与育种家打交道，三分之一的时间与政府打交道，剩下三分之一的时间与种草莓的农民打交道。在外企工作的 11 年里尹淑萍博士多次参观美国和西班牙的草莓企业，在这一过程中尹淑萍博士见到了草莓领域世界最先进的理念，学到了世界最先进的技术，其生产效率、种植规范化程度、产业链条的完整性及最终优质的草莓产品让尹淑萍备感震撼。

二、草莓创业梦想的萌发

草莓，多年生草本植物，因其色泽诱人，口感香甜，含有丰富的维生素 C，深受我国民众喜爱。随着经济发展和居民消费能力提升，我国草莓种植总面积和总产量已成为世界第一，但单位面积产量却与世界先进水平有很大差距，甚至有逐年下降的趋势（见图 1-1-1）。由于种植区域分散，种植过程缺乏标准化，市场配套机制不健全，草莓种植主要以个体户和合作社为生产单位，生产规模小，产量低，没有一套完整的生产标准，

图 1-1-1　2012—2018 年我国草莓单位面积产量和种植面积

数据来源：国家统计局网站数据。

产业链各环节难以把控管理，果实质量难以保证。

外企工作的经历让尹淑萍博士（见图1-1-2）深刻意识到国内外草莓产业间的巨大差距，她从心底萌发出一个强烈的愿望：依靠自身的科研经历和外企的工作经历，一定要在中国创建一个世界一流的草莓农场，让国人也能吃上低成本、高品质的鲜草莓。2012年春节后，尹淑萍博士决定选择一个草莓农场作为实验区，尝试在中国落地实施西班牙和美国先进的技术和理念。

图1-1-2　尹淑萍博士在草莓生产基地（左二）

三、河套平原的第一批草莓

基于科研背景和西班牙公司的工作经历，尹淑萍博士按照草莓所需要的气候条件，水、土、光、热等农业条件找到位于河套平原的内蒙古自治区巴彦淖尔市。河套平原位于我国内蒙古自治区和宁夏回族自治区内，阳光充足，气候干燥，昼夜温差大，地势平坦，土地肥沃，拥有黄河水自流灌溉的优势，非常适合绿色有机农业发展。草莓没有外皮包裹，整颗食用，难以清洗，农药残留是草莓食品安全的主要挑战之一。巴彦淖尔光照充足、气候极其干燥，病虫害的发生率低，所需的农药剂量远小于其他产区。同时，河套平原非大城市聚集区，蓝天白云，没有工业污染，远离原有草莓主产区，不会受到其他草莓产区病害的影响。在这里种植草莓具有得天独厚的自然条件优势。

2013年尹淑萍博士正式开始草莓事业创业，于当年4月在巴彦淖尔草莓基地打下了第一根地桩。虽然河套平原的气候条件适合种草莓，但土地盐碱化严重。据内蒙古自治区数据显示，巴彦淖尔市共有1 072.8万亩耕地，其中盐碱化耕地为484万亩，占全市耕地面积45.1%。依照传统种植经验，这里的土壤不适合种草莓，这里也从来没有种出过草莓。是否能种出草莓，很多人持怀疑态度。尹淑萍博士凭借技术优势，对草莓园土壤进行改良。当第一批符合尹博士要求的高品质草莓最终收获时（见图1-1-3），她内心充满自信，古老的河套平原开始变成草莓梦的摇篮。从这一刻起，北京的"女博士"彻底变成了地道的巴彦淖尔的"草莓农民"。

图 1-1-3　河套平原种出的第一批草莓

第三节　打造草莓全产业链

一、高标准严要求，布局草莓全产业链

在欧美发达国家，草莓行业标准化程度和专业化分工程度较高，市场可为种植企业提供配套服务。我国虽然草莓种植历史不长，但大大小小的草莓种植园区分布较广，且比较分散，农民一般按照自己的方法育苗、种植、灌溉施肥、采摘、销售。尹淑萍博士想要种出规模化、标准化的高品质草莓果，在国内市场上找不到专业化的配套服务商，只能将草莓全产业链涉及的各环节全部在自己企业中实现。虽然是无奈之举，但也保证了草莓果实的品质。从第一颗草莓果摘下，公司就在全力打造全产业链公司（见图 1-1-4）。

草莓品种决定了草莓果实的口感和质量。在品种方面，思拜恩对我国目前最主要的一个品种——日本"红颜"进行了脱毒复壮。红颜品种口感好，深受国人喜爱。但该品种抗病性弱，易得白粉病。思拜恩对它的种苗进行脱毒，提高抗病性。同时，还从韩国引进新品种"圣诞红"，这个品种抗病性比红颜强，甜度高，符合中国人口感，在很多地方已经试验成功。此外，在草莓品种方面，思拜恩做得最重要的一件事是将美国加州大学培育的抗病性更高的草莓新品种"蒙特瑞"与巴彦淖尔自然气候相结合，用了三年时间，在中国土地上成功试种出可以夏季上市的夏草莓。目前我国普遍种植的草莓品种在每年 12 月份上市，一直采摘到第二年的 5 月份。夏草莓"蒙特瑞"6 月份上市，一直可采摘到当年 11 月，这样弥补了原有草莓的周期性短缺的问题，实现了草莓鲜果的全年供应。

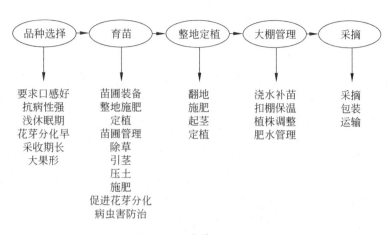

图 1-1-4　草莓全产业链

"苗好七分收",草莓苗对草莓种植有着至关重要的影响。草莓苗的在繁殖过程中极易感染病毒,而一旦感染病毒将直接影响草莓的产量。尹淑萍博士将原供职的外企公司草莓苗繁育技术延续到思拜恩,建立起一个三级脱毒育苗技术体系。本身抗病性高的草莓品种,结合河套平原的环境优势,加上三级脱毒育苗技术,使得思拜恩的脱毒草莓苗在草莓业内逐渐树立了良好口碑。除自己种植草莓果外,思拜恩还将培育出的部分草莓苗卖给草莓种植户。

草莓种植过程中涉及的施肥、灌溉、去病害等技术,思拜恩在引进欧美技术的基础上进行反复试验,升级优化。种出的草莓果品质高,味道鲜美,可以在市场卖出更高的价格(见图 1-1-5)。草莓果的销售渠道主要是巴彦淖尔本地的水果店和批发商,少量销售到北京。为达到草莓果种植的规模化、标准化,公司投入了大量自有资金建设标准化草莓种植棚,采购世界最先进的配套设备。

图 1-1-5　标准化种植的草莓

二、草莓"链条"成"枷锁"

为实现自己的草莓梦,尹博士满腔热血以科学家的精神埋头于攻克草莓全产业链各个环节的技术难题,整整用了四年时间完成了一个规模不太大却很完整的草莓全产业链。然而,这个时候尹淑萍猛然发现,公司经营出现了危机!

1. 资金短缺

创业之初思拜恩在建设标准化草莓棚、采购先进设备等方面投入了大量自有资金。自有资金优势让尹淑萍博士对公司发展具有完全决策权,可以按照国际领先的理念和模式来打造思拜恩,全身心投入到全产业链模式的试验,在技术方面不断试错,免受外界资本力量的干扰。然而,尹淑萍博士却忽略了草莓的生产能力和投资回报率。在全产业链的建设周期,虽然公司每年营业收入都有所增长,但产能基数小,草莓果实总产量有限,难以形成规模效应。另外,高标准建设的草莓棚和引进的国外先进设备使用了公司创业资金的约80%,使思拜恩成为重资产公司,严重影响了资金的流动性。每年运营成本和固定资产折旧又抵消了大部分利润,思拜恩一度面临资产缩水、入不敷出的困境。一向以稳重严谨著称的女博士,心里开始打起鼓来。

2. 人才短缺

人才短缺是每个公司普遍存在的问题,而思拜恩身处相对偏远的巴彦淖尔,面临更大的人才短缺挑战。全产业链模式的思拜恩需要各产业链环节的专业化人才,也需要能够与当地政府、供应商、市场客户打交道的管理人员。但在过去的四五年里,思拜恩始终没有建立起一支核心的管理团队。学习能力是尹淑萍博士的强项,某些通过课本可以得到的管理知识,比如财务知识,身为"学霸"的尹淑萍博士挤时间去补习。创业几年后,尹淑萍博士已自学成为"财务专家",公司会计有某些不懂的问题,反而要咨询她。然而,如何更好地与政府、供应商打交道,如何去开拓草莓的销售市场,对她来说太具挑战性。公司还有很多事情需要尹淑萍博士亲力亲为,她已感觉到分身乏术。

3. "女老板"没当好

创业公司的老板身份要求尹淑萍博士掌握管理的艺术与技巧。然而这点她似乎并不擅长。科研单位如同象牙塔,工作期间尹淑萍博士更多时间是给种植户授课,很少会与种植户有利益冲突。而当年工作的西班牙外企中国代表处员工人数不多,人际关系相对简单。科研经历培养了尹淑萍博士做事追求完美的特点,永远把事情明确地分成对与错、黑与白。她总是以自己的水平和标准去要求员工,这让公司员工与她相处时倍感压力。外企的经历让她看重工作产出而非人文关怀,认为跟同事聊天吃饭是浪费时间。即使开会到饭点,也从未想过请员工一起吃顿饭。尹博士发现员工似乎与她逐渐疏远。直到一名员工偶然间向尹博士提出这个问题,她才猛然意识到自己的不足。埋头于各项工作的尹博士觉得自己好像没当好"女老板"。

创业初期的尹淑萍博士力求每个环节都做到专业、标准，每天起早贪黑投身于打造草莓全产业链。虽然技术方面取了显著进步，但是公司经营和管理却不尽如人意。让思拜恩引以为傲的草莓全产业链似乎成了"枷锁"，尹博士感觉每天顾此失彼，终日奔波而收效甚微。对思拜恩倾注了全部心血的尹淑萍心有不甘，苦苦探究问题的根本原因，渴望从根本上扭转颓势，尽快转入发展的快车道。

第四节 "女博士"转型"女老板"

一、"女博士"回校再学习

与员工的那次对话对尹淑萍冲击很大，她逐渐明白想要扭转危机，首先自己要转变成为一名合格的"女老板"。博士和老板之间，没有必然的逻辑关系。要学习如何经营一家公司，她需要进行系统学习。2017年年底，尹淑萍博士回到母校，加入中国农业大学中农创学院，重新开始系统学习企业管理知识。中农创学院的首次课程是战略梳理，课后布置了任务：挖掘本企业的竞争优势，进而制定和调整企业战略。尹淑萍后来回忆道："可以说，这次课程是我思维方式转变的分水岭，是从科研思维向老板思维的转折点。"通过系统思考思拜恩的优劣势和经营现状，她开始意识到思拜恩的全产业链方向可能出了问题。

二、发现隐形强者"草莓苗"

在做作业的过程中，自学成财务专家的尹淑萍博士认认真真地对思拜恩的财务数据进行了分析。她惊奇地发现几年来公司收入中草莓苗和草莓果的收入占比大概是1∶1，有些年份苗的比重还要多一些。令她更为疑惑的是，作为产业链后端的草莓果附加值更高，本应在营业收入结构中占据更高的比重，然而实际只与苗的销售额打成了平手。作为附加业务甚至是试验品的草莓苗，在没有配备任何销售人员的情况下，反而每年有一百多万株的销售量，全部是种植户自发购买的！保守估计这一百多万株的草莓苗投放量，在当时至少也能排进全国草莓苗行业的前十名！

看到这对数据，尹淑萍感到了一种莫名的激动。探究科研问题的习惯使她继续深入探究数字背后的原因。本以为是主要营业收入的草莓果业务，虽然销量不错，但是总产量不高。2013年至2015年思拜恩把更多的精力放在了研发夏草莓品种，在产能扩大方面没有投入太多资源。巴彦淖尔土地盐碱化严重，草莓对盐碱非常敏感。虽然基地一直投入精力在做盐碱化土地的改良，但是很难改变当地农民大水漫灌的习惯。基地周边土地被农民大水漫灌后，本已改良的基地土壤会受其影响，导致草莓产量提高不如预期明显。另外，由于人力资源有限，思拜恩前期为了扩大产量投入大量资金搭建的标准化草莓棚和购买的设备，部分没有得到高效使用。

面对草莓苗和草莓果的经营数据对比和原因探究，尹淑萍博士把注意力开始集中到了"草莓苗"身上。

三、寻找"草莓苗"销售超预期的答案

为什么没有在意的草莓苗，销售情况会大大超出预期呢？尹淑萍博士开始用刚刚学到的管理思维去探究答案。

1. 草莓苗市场缺口巨大，好苗难求

为挖掘草莓苗销售突起的背后原因，依据市场导向，尹淑萍博士开始做草莓苗的市场调研。我国草莓种植园区分布广泛，较大的产区有辽宁丹东、安徽合肥、浙江建德、河北保定、山东烟台、四川双流等。全国每年大概需要180亿株草莓苗，而市场上专业化育苗的企业却很少。部分专业化培育草莓苗业务的企业尚未形成生产规模，设施装配、生产技术等水平一般，培育的草莓苗只供自己内部使用，并未在市场上大量销售。规模化种植基地的草莓农户（以下简称莓农）对草莓苗的要求不仅仅有病害少、产量高，还有花芽分化早。因为更早的花芽分化意味着草莓果可以提前上市，就可以多盈利。

普通莓农无法拥有优质育苗所需要的技术，更不能离开本土到适合育苗的异地去专门培育草莓苗，只能自繁自育或者从一些不规范的苗圃购买。250万莓农，在苗的问题上备受煎熬。虽然优质育苗需要很高的技术，但是草莓苗生产准入门槛低，而且草莓属于无性繁殖，还未真正纳入农作物种子管理范畴，因而目前我国对草莓种苗的管理还处于空白。受利益驱使，部分专业化程度低的育苗散户，将质量低劣的草莓苗流入市场，给莓农造成了严重的经济损失。在我国草莓苗的销售组织上主要依托草莓果的商贩，部分草莓苗销售企业并不具备种子经营资格，经常会出现因草莓苗质量引起的纠纷，莓农买到劣质的草莓苗却投诉无门，只能自己承担损失。

2. 草莓苗是草莓病害的源头

2015年，草莓农地里开始出现大面积死苗。接下来的几年，死苗率一年比一年严重。病害开始显现的时候，莓农并没有意识到问题的严重性，直到2018年，草莓死苗率一度高达50%，个别地区甚至全军覆灭。在美国和西班牙历史上都曾出现过死苗率高，严重影响产量的问题。草莓种植与其他农作物不同，即使在同一气候条件下，由于苗的品质差异，会造成亩产四千斤到亩产八千斤的巨大差距，这种差距在其他农作物上难以出现。一千斤的产量意味着至少一万块收入。如果使用大量的农药来抵抗草莓的病害，农药残留问题不仅影响销售，还严重损害消费者的健康。

草莓苗是草莓病害的源头。草莓属于无性繁殖作物，在连年继代繁殖过程中，容易受到病毒、病害的侵染。使用经过脱毒技术繁殖出的优质种苗，可以大大降低死苗的风险。

3. 思拜恩草莓苗优势突出

经过上述分析后，尹淑萍博士凝视着自家的草莓苗，进入了下一步的思考。第一，她选择的内蒙古巴彦淖尔基地，阳光充足、气候干燥、工业污染少、远离草莓主要产区等优越的自然环境，本身就不容易出现病虫害；第二，思拜恩选择的品种，包括圣诞红、

蒙特瑞等，都是抗病性强的品种；第三，思拜恩拥有三级脱毒育苗技术体系，种出的全部是脱毒苗（见图1-1-6）；第四，思拜恩重视土壤的消毒处理，阻止土传病害。这四项工作做完以后，草莓苗病虫害的防治工作已经完成80%，后面20%防治工作以预防为主，彻底地控制病虫害的发生，真正做到了"无毒草莓苗"。此外，思拜恩繁育出的草莓苗花芽分化早，能够满足草莓提前上市的需求，满足了规模化的草莓种植园的要求。想到这里，尹淑萍博士不禁会心一笑，她似乎找到了作业的答案。

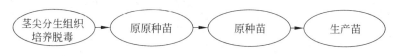

图1-1-6 思拜恩三级脱毒育苗体系

4. 思拜恩草莓苗 VS "高手"草莓苗

为进一步印证思拜恩在草莓苗上的优势，尹淑萍选择了一位行业内的种植"高手"，将思拜恩的草莓苗与"高手"的草莓苗种植结果进行比较。

"高手"使用的普通草莓苗，每株0.5元，每亩定植约10 000株，种苗费用5 000元。思拜恩的脱毒基质苗，每株1.2元，每亩定植6 000株，种苗费用7 200元，成活率可达95%以上。"高手"使用的草莓苗，由于成活率在70%左右，补苗还需要再花费1 500元。补苗所需人工费用方面"高手"比思拜恩每亩要多花500元。定植之后，思拜恩的脱毒基质苗不需要缓苗。由于是在高海拔地区繁育的，花芽分化更早，思拜恩的草莓苗比"高手"的提早半个月产出草莓，而这半个月正是草莓价格最高的阶段。按每天每亩可以采收10～20斤，每斤售价40～50元计算，这半月每亩可增加5 000元以上的收入。在草莓的整个生长季节，"高手"的草莓苗会持续出现死苗，植株也容易生病，因此莓农要使用更多农药。既多花了农药钱，也多花了打药的人工钱。由此可见，与高手相比，思拜恩的草莓苗在种植阶段果实转化率高，种植成本更低、产量更高（见图1-1-7）。从经营角度分析，思拜恩草莓苗的优势在个案比较中完胜竞争对手。

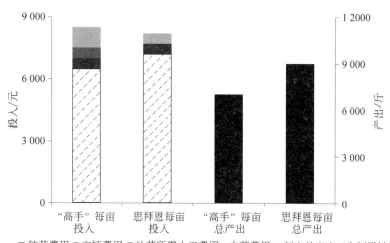

图1-1-7 思拜恩与草莓种植"高手"每亩投入与产出比较

5. 草莓苗已小有口碑

尹淑萍博士在农科院和外企工作期间，接触到大量种植草莓的农民，她经常会给农民讲解草莓种植方面的知识，并不厌其烦地解答农民种植过程中遇到的种种问题，久而久之尹淑萍博士在草莓行业逐渐有了名气。农民对她十分信任，当他们知道尹淑萍博士创业后，主动找到公司来购买草莓苗。尹淑萍博士确实没有让他们失望。当种植思拜恩培育的草莓苗后总花费少、草莓病害少、草莓果产量高后，越来越多的农民或企业慕名来购买草莓苗。草莓苗的顾客里80%都是被公司的技术优势所吸引的客户，而且多数会成为回头客。思拜恩高品质的"无毒草莓苗"在草莓行业一定范围内有了很好的口碑。

经过对草莓苗市场和自身企业的分析，尹淑萍博士不仅完成了课堂作业，更初步提出了思拜恩应向"草莓苗培育"集中的转型方案。

四、明确向"无毒草莓苗"转型

2018年初，中农创学院战略梳理课程结课。通过学习，尹淑萍博士发现了公司存在的更多问题，例如缺少清晰的商业模式，管理、技术、资金、人力在创业初期难以支撑全产业链运营，战略领导的素质不足，等等。

在与导师和同学充分讨论了自己的作业后，尹淑萍在课堂上当即决定，把草莓育苗和草莓种植分化，将公司集中精力重点发展具有竞争力的"草莓苗培育"业务，实行聚焦"无毒草莓苗"的战略，努力把培育"无毒草莓苗"做到最大程度的标准化、规模化、智能化，成为细分领域的行业领军者。

第五节　全力以赴聚焦"无毒草莓苗"

一、后来居上建立文山基地

2017年下半年一个偶然的机会，云南文山一家做桃全产业链的企业找到尹淑萍博士寻求合作。因为桃的种植期长，从种到采摘需要四年时间，而采摘期只需短短的一个月。桃企业老板认为桃和草莓，采摘周期一短一长而且季节不同，两者可以在时间上搭配。云南是我国农业种植大省，地形复杂，地势高低悬殊，气温随地势高低垂直变化异常明显，立体气候特点显著。云南省同时具有寒、温、热（包括亚热带）三带气候，自然环境的千差万别，可以为多种农作物的生存提供适宜的条件。云南文山与内蒙古巴彦淖尔一南一北，气候条件完全不同。云南文山四季如春，环境污染少，在种植草莓方面具有独特的优势。尹淑萍博士答应了该企业的请求，并于2017年的10月在文山试种出第一批草莓。

随后，思拜恩的草莓业务被文山市政府发现，它主动向思拜恩抛来橄榄枝，大力支持其发展。2018年底，思拜恩与文山市政府合作的文山草莓基地开始建设。基地建设全部由政府出资，委托思拜恩负责运营，最大程度减轻了思拜恩的资金投入。刚到云南时，尹博士的目标还是种出草莓果，而战略调整后的思拜恩则全力在文山的高原地区建立专业化的草莓苗圃，计划五年内建成五万亩草莓苗标准化种植基地，年产出十亿株高山草莓苗，打造全球最大的草莓苗供应基地（见图 1-1-8）。

图 1-1-8　文山草莓基地实景图

二、不断加强技术创新

思拜恩在国内率先培育被称为最高级的草莓种苗"基质苗"，基质苗与传统种苗不同，不生长在土里，其根部裹着一堆有营养的基质（见图 1-1-9）。基质苗摆脱了土壤的束缚，因而不会受到土壤中病害和盐碱化的影响。此外，基质会对根系起到很好的保护作用，培育出的草莓苗根系发达，定植成活率高达100%。因基质苗较传统土壤育苗对技术要求和资金更高，当前投放到我国市场的基质苗不超过两千万株。

图 1-1-9　根部包裹基质的基质苗

思拜恩独创了世界领先的草莓天瀑技术，悬空培育草莓苗（见图 1-1-10）。使用自动升降的草莓架立体育苗，纵向利用育苗空间，提高生产效率。草莓天瀑技术可以实现与传统育苗相比高出十倍的产量。在育苗过程中，引入营养液循环的水肥一体化循环使用技术（见图 1-1-11），水利用率高达 98%，减少肥料 50% 以上，不污染地下水和土壤，大大减少了农药使用。

图 1-1-10　草莓天瀑技术

图 1-1-11　水肥一体化操作车间

三、内蒙古基地业务转变

思拜恩在内蒙古巴彦淖尔基地的五六年里，扎扎实实打造草莓的全产业链，积累了产业链各环节的运营技术和经验。虽然经营指标与期望有所差距，但是由于坚实的前期运营基础，巴彦淖尔基地在短期内快速聚焦育苗业务，基地育苗初见规模（见图 1-1-12）。巴彦淖尔基地在思拜恩聚焦草莓苗战略制定后，迅速砍掉除草莓苗繁育以外的其他环节，集中资源扩大育苗规模，并计划逐步用基质苗替代现有在土壤中的育苗方式，目标最终实现全部生产基质苗。

图 1-1-12　内蒙古基地的草莓育苗苗圃

四、挖掘人才开拓草莓苗市场

明确的发展方向和美好的未来预期也吸引了管理人才的加入。尹淑萍博士认为，她急需的是开拓草莓苗市场的专业人才。"我要找的不是会种草莓的人，因为自信地说，在这个行业里我已经很会种了，我要找的是弥补能力短板的人才。"

2018年，尹淑萍从饲料行业聘请来一位熟悉农产品市场的销售总监主攻"无毒草莓苗"的全国市场的推广。从2018年下半年开始，销售总监按照"丹东—北京—天津—内蒙古—浙江—安徽—江苏—云南—山东—上海"的路线逐一开拓布局草莓苗市场，建立规范的经销商体系，由经销商为当地种植户提供产品和服务。销售总监主攻市场拓展，尹淑萍博士主攻产品品质，内外默契配合取得很好效果，公司管理进入良性轨道。2019年下半年，尹淑萍博士又招募到一位得力助手，这位高管有多年行业经验，专门负责对接政府资源、供应商和其他合作伙伴，思拜恩高端团队的力量开始初步显现。

五、聚焦效果立竿见影

截至2019年底，思拜恩内蒙古巴彦淖尔基地和云南文山基地已建成年产2 000万株的育苗基地，已开发12个省级代理、3个大型种植园区、3个农学院试验站、服务上百个种植专业户。思拜恩文山草莓基地海拔高、昼夜温差大，培育出的基质苗属于更高品质的"高原基质苗"。2019年思拜恩向市场输出的基质苗数量大约占基质苗市场总额的15%，占"高原基质苗"市场份额的60%。品质出众的思拜恩草莓苗在2019年出现一苗难求、严重脱销的现象。

文山地区不仅适合繁育优质的草莓苗，也非常适合生产早熟的冬草莓和夏草莓。经过两年的测试，文山出品的草莓品质出众，上市期与市场完美衔接，吸引了百果园、佳沃等众多知名企业的关注。签订的意向订单涉及的草莓田已达 1 000 亩。

文山种植园采用政府出资建设，思拜恩托管运营的模式，公司固定资产投入很少。在销售草莓苗的主营业务外，思拜恩还为大型种植企业提供种植的整体解决方案和运营技术服务支持。轻资产的思拜恩在文山脱胎换骨，2019 年营业收入和利润率均实现翻倍。

在这一转变中，尹淑萍博士在与员工打交道方面也越来越得心应手。组织制度和企业文化建设逐渐完善和加强，撰写"思拜恩誓言"，使公司的创始人、管理人员、种植工人一起，齐心协力，为"以草莓为梦想，以奋斗为根本"的理想拼搏奋斗（见图 1-1-13）。

图 1-1-13　文山思拜恩部分员工宣誓

文山曾是贫困县级市，思拜恩在文山的草莓基地通过雇佣当地劳动力，实现了产业扶贫的效果。育苗业务带领文山厚德水库移民 120 人就业，人均年收入从 0.4 万元增长到 1.7 万元。

第六节　"草莓种"再回"种草莓"

"最终想把思拜恩的草莓苗业务做成什么样？"

"苗全部自用，单独建立品牌，最终还是卖果。"尹淑萍坚定地说，"米不值钱，米饭值钱。我的草莓苗卖得再贵，也就是 1.5 元左右一棵，而草莓果实动辄就几十元一斤，这个诱惑还是太大了。"

回答完后，尹博士也觉得有点尴尬，思拜恩前期打造全产业链却不赚钱的经历刚刚过去没多久，聚焦到草莓苗后企业盈利刚刚有些起色，却又"蠢蠢欲动"要走回老路。

"这次不一样，之前是盲目的一心想打通全产业链，而现在是栽过跟头，明白了其中的逻辑关联。有这么好的苗，如果自己不做果，岂不是可惜了？"尹博士的表情有些复杂，眼神中充满期待，却又有些许底气不足。

"况且虽然思拜恩在草莓苗的市场里份额不小，但是毕竟草莓苗的市场规模有限。草莓果的企业规模庞大，实力雄厚，如果有一天他们杀进苗的市场，思拜恩按照现在的实力，只能举手投降了。"

尹博士要做中国最大草莓企业的梦想从未改变过，她希望能让国人吃上她种出的最优质的草莓果。目前，公司已经开始着手注册新的公司，主营草莓的种植和果实销售，等待时机成熟，公司仍将努力拓展成为草莓全产业链公司。

思拜恩在创业之初不遗余力地打造全产业链草莓种植。虽然草莓全产业链被成功打通，但是公司经营指标却未及预期。聚焦草莓苗的培育和销售后，企业经营迅速改善。草莓苗毕竟与能够直接食用的果实还差了几个环节，和尹博士的草莓梦似乎还有些距离。草莓苗的业务刚刚起步，势头正好，草莓果实的业务如何布局？怎样分配资源和精力？女老板尹淑萍又开始了新的调研和思考。

启发思考题

1. 尹淑萍博士创业的优势和劣势分别是什么？其核心竞争力是什么？
2. 创业之初为什么选择做草莓全产业链？获得了哪些经验？遇到困难怎么办？
3. 思拜恩是否适合聚焦到草莓苗业务？它做了哪些工作？效果如何？
4. 思拜恩计划未来再转型回全产业链公司是否可行？你有哪些建议？

拓展阅读　文山草莓创始人及公司荣誉证书

案例二

让国人不出国门吃遍世界海鲜

——大连凯洋世界海鲜股份有限公司的战略转型

摘　要：大连凯洋世界海鲜股份有限公司以海鲜进出口贸易起家，2009年开始尝试以"世界海鲜礼盒"为主打产品进行B2B到B2C的战略转型并取得初步成功。然而，其C端业务在2012—2017年停滞不前，导致公司年销售额始终徘徊在7 000万元左右。2018—2019年，大连凯洋C端业务突然发力，年销售额分别猛增到2.225亿元和4.32亿元。本案例以大连凯洋为研究对象，复盘公司战略转型过程中的成就与挫折，总结其经验和教训，旨在帮助学生学习和运用成本领先战略和差异化战略，深入理解核心竞争力对企业战略的支撑作用。

关键词：战略转型、成本领先、差异化、核心竞争力、海鲜

大连凯洋世界海鲜股份有限公司（以下简称"大连凯洋"），总部位于辽宁省大连市，是一家集水产品进出口及转口贸易、加工、冷藏服务、公共保税冷库、物流为一体的大型综合性企业。近年来，大连凯洋凭借其强大的海鲜产品资源整合能力、良好的供应链体系以及先进的仓储冷冻等优势，慢慢成长为一家众多消费者喜爱的全球海鲜食材供应商。

公司创始人魏洋，三十多年专注于做好一件事——"卖海鲜"，他也被朋友们亲切地称为"海鲜大王"（见图1-2-1）。2019年，大连凯洋成立十周年之际，在魏洋的带领下，

图 1-2-1　大连凯洋创始人魏洋

大连凯洋取得了卓越的销售业绩，公司年销售额达到 4.32 亿元，较去年同期增长 94%。看着如此骄人的销售业绩，董事长魏洋不禁回忆起自己创业以来的点点滴滴。

第一节 大连凯洋公司基本情况

2000 年，大连凯洋的前身大连凯林水产加工厂在大连湾成立，公司以海鲜进出口贸易起家，主营水产品加工以及海鲜销售。2005 年，公司拓展经营领域，开始运营大型冷库业务，并依托冷库平台，与 30 多个国家的海鲜企业建立了业务往来。公司凭借其强大的海鲜产品资源整合能力、良好的供应链体系以及先进的仓储冷冻等优势，不断地发展壮大，慢慢成长为一家众多消费者喜爱的全球海鲜食材供应商。

从 2005 年开始，公司管理层决定向海鲜贸易产业链的下游拓展，即开发并推广自己的海鲜品牌。2009 年，大连凯洋世界海鲜礼盒有限公司成立，公司开始尝试以"世界海鲜礼盒"为主打产品进行从 B2B 到 B2C 的战略转型，即从成本领先战略向差异化战略转型。

2010—2011 年，大连凯洋的战略转型初期取得了成功，公司年销售额迅速增长至 7 000 万元。然而，其 C 端业务在 2012—2017 年停滞不前，导致公司年销售额始终徘徊在 7 000 万元左右。

2018 年，大连凯洋在董事长魏洋的带领下，重新梳理出公司的六大重点销售渠道，并以此为基础推出了许多措施推进公司的 C 端业务。经过这一系列的调整，公司的 C 端业务在这一年重新发力，公司年销售总额猛增到 2.225 亿元。2019 年，公司保持了快速增长的态势，年销售额达到 4.32 亿元。

第二节 战略转型的酝酿阶段：从"生意人"到"企业家"的成长之路

魏洋三十多年的创业生涯并非一帆风顺，而是跌宕起伏：从倒卖海鲜赚得第一桶金，到因不了解市场行情导致生意失败；从成长为大宗海鲜进出口贸易的巨头，到决定战略转型，重新从海鲜零售起航。大连凯洋战略转型的酝酿阶段见证着魏洋从"生意人"到"企业家"的成长之路。

一、市场行情全靠赌，小鲅鱼带来大跟头

1991 年，魏洋大学毕业后开始自主创业，他依托大连湾海鲜码头的海鲜产品，开始了自己的海鲜贸易生意。靠着自己的吃苦实干，短短数年，魏洋就凭借海鲜批发生意赚得了人生第一桶金。

然而，就在生意日益兴隆的关头，魏洋却被小小的鲅鱼"绊了个大跟头"。回顾当年，

魏洋说："1997年，大连的鲅鱼价格处于历史低位。原本要两万元一吨的鲅鱼原料，我们一万元就可以收回家；这样，仅简单计算原料成本的差价，我们收一吨鲅鱼就可以获得一万元的利润，收一百吨，就可以获利一百万元。"据此分析，当时的魏洋认为这是一个巨大的商机，决定冒险一搏。紧接着，魏洋用自己所有的流动资金囤积了400多吨鲅鱼，准备逢高卖出赚取差价。但谁知市场风云变幻，随着1997年亚洲金融危机的爆发，导致魏洋冒险收购来的400多吨鲅鱼，不但没了出口的销路，其在国内的市场价格也是一降再降；不仅如此，魏洋还要承担每日不菲的冷库租金。面对这一系列状况，魏洋迫于资金链的压力，只得赔钱处理掉自己的400多吨鲅鱼。这单生意最终使魏洋不但亏掉了创业以来积累的积蓄，还欠下了不少外债。

这次挫折让创业以来一帆风顺的魏洋，第一次尝到了失败的滋味。当时不到30岁的魏洋一直无法理解，自己为什么会陷入这场惨痛的失败？在朋友们的帮助下，魏洋慢慢悟出了一个道理：想要做好、做大海鲜生意，精准的市场行情是最重要的因素，仅凭个人经验进行市场判断而进行大宗海鲜买卖，无异于赌博。认识到这一点，魏洋彻底从失败的阴影中走了出来，重拾了信心，开始了自己的第二次创业。

二、二次创业，以冷库建立水产品信息平台

1999年，二次创业的魏洋借钱建起了一家小型水产品加工厂。他把大宗海鲜产品分装或简单加工后，批发到国内各地的水产市场。由于当时国内水产市场行情较好，再加上魏洋的辛苦打拼，到2005年，魏洋不但还上了外债，还有了近千万元的盈余。就这样，东山再起的魏洋迎来了自己事业的又一春。

就在2005年底，魏洋做了一个惊人的决定：出资三千多万元承租、改建一个坐落在大连湾镇的接近废弃的大型冷库（见图1-2-2）。这个决定让股东们很不能理解，因为冷库生意投资大且利润率低。面对股东们的质疑，魏洋道出了缘由：收购鲅鱼失败的经历让魏洋认识到海鲜贸易要做大，必须精准了解市场行情，而位于大连湾的这个冷库，让魏洋看到了方向。大连湾是中国北方最大的水产品交易中心和集散地，国内外很多渔船都会停靠在此卸货、转运，并将海鲜产品短暂存于冷库中。在魏洋看来，有了这个冷

图1-2-2　大连凯洋保税冷库地理位置示意图

库的生意，公司就能通过盘点冷库中客户存储的海鲜的种类和数量，分析并判断海鲜市场的行情，并利用这些信息服务于自己的贸易生意。

为了招揽这些客户把海鲜存到自己的冷库，魏洋除了降低冷藏费、主动帮助客户售产品以外，还提供了其他贴心的"一站式"服务。例如，国外客户的远洋船进港之后，魏洋会免费帮助客户报关、报检，并派人到码头免费负责接船；当货进入到冷库后，冷库会立即检测产品并给出初检报告。

在魏洋的努力下，越来越多的客户选择将水产品暂存于魏洋的冷库里。魏洋则通过盘点冷库中客户存储的海鲜的种类和数量，分析并获得较为准确的国内外市场信息，并且他可以利用这些信息服务于自己的贸易生意。就这样，魏洋利用原本只是用来存储海鲜的冷库打造成了一个强大的水产品信息平台。

到2006年，魏洋的冷库已经满负荷运转起来，每年进出货物的吞吐量达到20万吨，成为国内有影响力的海鲜存储冷库（见图1-2-3）。依靠冷库信息平台，魏洋和30多个国家的数百家海鲜企业建立了业务联系，与它们信息共享，共同整合国内外海鲜市场资源，并借助信息和市场的优势，把越来越多的优质海鲜产品引进到中国。

图1-2-3　大连凯洋保税冷库近景

三、"生意"还是"事业"？一个海鲜"搬运工"的思考

自2001年中国加入世界贸易组织后，关税降低和市场的进一步开放使得中国渔业国际化程度显著提高，水产品贸易在进口和出口方面都呈现出了高速增长的态势。魏洋团队的生意也随着市场的增长越做越大，成为一家集世界海鲜产品捕捞、冷链、加工、保税仓储、进出口贸易及转口贸易为一体的综合性企业。公司与全球百余家知名捕捞企业形成长期稳定的战略合作关系。凯洋冷库综合仓储能力达4.5万吨，其中有中国海关指定的公共保税冷库3万吨（通过中国海关总署AEO认证），这让凯洋成为世界各地珍奇海鲜的汇集地。

魏洋发现，虽然世界各地的渔业资源丰富，但是全球渔业捕捞资源几乎都在英国人手里,渔业的贸易资源又主要掌握在日本人手里。这一行业的特点,导致像魏洋一样的众多中国海鲜贸易商更多充当的是海鲜"搬运工"的角色。

随着公司的不断发展壮大,魏洋及其团队越来越不满足于为他人做嫁衣的这种商业模式,也希望凭借自己的努力去改变海鲜"搬运工"的现状。同时,魏洋也意识到"自己的公司业务实际处于海鲜产业链中运输和加工环节,是整个产业链利润率最低利的一环,公司缺乏海鲜行业的核心竞争力,企业的发展也会因此受阻,公司的模式更像是生意而不是事业"。

与此同时,虽然2002年起我国水产品出口总量跃居世界首位,但是出口市场太过于集中;日、美、韩和欧盟四大市场占我国水产品出口总额的85%以上,这极大地限制了出口贸易企业的发展。随着我国居民生活水平地提高,消费者对以海鲜为代表的优质蛋白质的需求日益旺盛,尤其是追求健康生活人群,对进口的高品质海鲜需求也逐渐增大。这一系列市场的变化让魏洋看到了潜在的商机。

从2005年开始,魏洋及其高管团队开始认真思考如何在原有的海鲜贸易业务资源基础上,向产业链的下游拓展,即开发并推广自己的海鲜品牌。

第三节　战略转型初期的探索阶段:从"海鲜贸易大咖"到"海鲜零售小白"

大连凯洋的战略转型为公司的发展带来了新的方向,魏洋也带着员工一起开始了大胆的尝试。在这探索尝试的路上,有喜悦的时刻,也有心酸的日子;有战略转型初期凯洋海鲜礼盒的供不应求,也有因转型问题导致公司销售额停滞多年……

一、十分感"蟹"宴

出于工作的原因,也出于个人的喜好,魏洋经常去世界各地出差、旅游。旅游归来,魏洋最喜欢的一件事,就是把自己吃过的海鲜,带回大连和好朋友们一起分享。慢慢地,一些朋友主动找到魏洋,希望魏洋能帮忙购买这些国外的海鲜产品。而且,这种需求也从最早的几个朋友,逐渐发展到后来的成百上千。通过交流,魏洋逐渐总结出了朋友们买国外高档海鲜的用途80%以上是用于送礼。魏洋认为,国外高档海鲜的商机已经显现,如果领先别人一步,就有定价的话语权,魏洋感觉到了一个新的C端商业机会就在眼前。

然而,经过初步的市场调查后,魏洋很快发现国内海鲜市场其实竞争非常激烈,市面上的品牌有上百家。自己如果做高档海鲜C端业务,怎样才能从市场上脱颖而出呢?直到2009年初,魏洋的好朋友刘红军来找他帮忙,而就是因为这次帮忙,魏洋想到了销售高档海鲜的独特创意。

当时刘红军有一个重要客户来到大连,而如何接待这位客人,着实让他犯了难。欢迎晚宴到底该怎么准备?刘红军找到魏洋,请他帮忙出主意。在与魏洋交谈中,他反复提到"感谢"两个字。魏洋猛然想到,他刚刚从国外进口了十种螃蟹,由此建议:"蟹呢,与'谢'同音。我这里有很多种螃蟹,我就帮你凑十种螃蟹,咱干脆做一个十分感'蟹'宴(见图1-2-4)。"最终,那场"十分感'蟹'"晚宴帮助朋友圆满解决难题,同时也让魏洋团队找到海鲜C端业务的销售突破口。

当时的海鲜市场上虽然品牌众多,但是几乎所有的海鲜产品都以散装、称重出售,即使高档的海鲜产品其包装也十分简陋,包装密封性较差,海鲜腥味弥散。因此,在当时,海鲜很少作为高档礼品进行销售。

大连凯洋瞄准了这一契机,以海鲜礼盒为载体,试水海鲜C端零售业务。大连凯洋利用作贸易的尾货及库存,把各种海鲜装进定制的泡沫箱中,这样不仅可以维持低温进行保鲜,泡沫箱良好的密闭性也阻止了海鲜腥味的外溢。同时,大连凯洋将泡沫盒包装成精美的礼盒,根据"谢"字的谐音,以感谢为主题命名礼盒产品,如用俄罗斯虾夷扇贝丁、半壳虾夷扇贝、加拿大北极贝配上螃蟹,组成的"加'贝'感'蟹'",类似的"'蟹'天'蟹'地""千恩万'蟹'"等。"世界海鲜礼盒"这一新颖独特的售卖方式一经推出,立即成为消费者购买节假日礼品的新选择(见图1-2-5)。

图 1-2-4 十分感"蟹"宴

图 1-2-5 凯洋世界海鲜礼盒

二、我们卖的是"世界海鲜"

眼看着自己的海鲜礼盒越卖越火,魏洋马上成立了海鲜礼盒事业部,主打"凯洋世界海鲜礼盒"销售。然而,当魏洋带领团队为自己的海鲜礼盒申请商标注册时,却又遇到了新的难题。

在申请商标注册时,魏洋团队本着"如何在一秒内告诉消费者你是做什么的"的思路,最终选择申请"世界海鲜"商标(见图1-2-6)。然而,商标局工作人员却提出来不同的看法,他们最主要的质疑是:"世界海鲜"这个词过大,不适于用作一个公司的商标。魏洋听到这些,二话没说,搬来了公司产品进口时的四大箱报关单。工作人员仔细查阅了这些报关单,惊奇地发现,魏洋的企业真的在卖一百多个国家和地区的海鲜;同时,他们又不卖淡水海鲜以及养殖

图 1-2-6 凯洋世界海鲜商标

水产品。"世界海鲜"切实反映出公司的产品特点。商标局经过反复讨论，终于同意了这一商标注册。

魏洋通过对市场上同类产品一系列的对比，总结、提炼出自己海鲜产品的核心卖点——野生、海捕、船冻。

野生：精选全球原生态纯净海域自然生长的深海海鲜。

海捕：专业捕捞船队在世界各地优质海域内，在海鲜最肥美的季节中执行捕捞作业。

船冻：捕捞上船后，直接在船上进行清洗、去脏、封包、冷冻，最短时间最大程度锁住海鲜营养和风味。

三、小试牛刀，初露锋芒

海鲜礼盒的热卖，为魏洋及其高管团队一直思考的"如何基于原有海鲜贸易及加工业务向产业链下游拓展"的问题提供了答案。2009年，魏洋注册成立了"凯洋世界海鲜礼盒有限公司"，宣告公司的重心从海鲜贸易及加工的B端业务转移到世界海鲜零售及品牌打造的C端业务，这也意味着公司开始从B2B到B2C的战略转型。

靠着海鲜礼盒的创意卖点，魏洋不仅把原来仓库中剩余的贸易尾货及库存销售一空，还利用其冷库平台大量组织进口国外高档海鲜。由于其贸易业务基础，在供应链上可以很好地控制进口成本，质优价低的海鲜礼盒在市场上供不应求。

短短两年时间，公司销售额爆发式增长，2011年销售总额超过7 000万元，毛利润超过40%，小小的海鲜礼盒生意让魏洋赚了个盆满钵满。

四、增长乏力、成本上升，战略转型遭遇双重打击

大连凯洋经历了2009—2011年的爆发式增长，却在2012年遭遇了公司高速发展的转折点。当时特通渠道受到限制，而特通渠道的销售额占大连凯洋年销售额的60%以上，这直接导致公司销售增长停滞。

此外，由于盲目冒进，在没有进行严谨的市场调研的情况下，大连凯洋连续成立了沈阳及北京分公司，导致公司人力成本和运营成本大幅上升。至2013年，大连凯洋虽努力拓展新的销售渠道，并将年销售额维持在7 000万元左右，但由于运营成本的上升，企业利润率不断下降。

五、"新三板"上市是非功过？

2014年，为了进一步推进公司的规范化治理以及品牌宣传，大连凯洋着手开"新三板"上市的申请工作，并由总经理路柯牵头负责。归功于公司建立以来的各项制度较为规范，大连凯洋仅仅用了三个多月的时间，就完成了会计所、律师所、券商的审核工作。2014年12月，大连凯洋顺利在"新三板"挂牌上市。简称：凯洋海鲜。股票代码：831824。

大连凯洋挂牌新三板后，企业知名度进一步提升。然而，公司内部关于挂牌后公司

下一步的工作重点却有着不同的想法：以魏洋为代表的股东，希望通过"新三板"上市宣传公司品牌、扩大品牌影响力，进而带动销售；而以路柯为代表的部分职业经理人却希望公司通过上市进行融资，借助资本市场将公司迅速做大。这两种观点的冲突，导致公司在成功上市后的战略选择发生摇摆，并浪费了大量时间、精力研究融资计划，错过了利用"新三板"上市的利好为公司销售业绩带来实质性提升的时机。2014—2016年，公司年销售额连续三年毫无增长，持续在7 000万元水平，停滞不前。

第四节 战略转型的提速阶段：董事长重新掌舵，六渠道百花齐放

2017年底，因连续多年公司销售业绩增长未达目标，原总经理路柯主动辞职，董事长魏洋责无旁贷地从幕后重新回到台前，兼任大连凯洋的总经理。

2018年，魏洋重新出山后，带领公司员工结合海鲜产品行业特点，重新梳理出公司的六大重点销售渠道：全国各地专卖店及城市合伙人、餐饮食材供应渠道、商超连锁渠道、特通渠道、新媒体销售渠道以及海鲜产品加工贸易渠道。

一、全国各地专卖店及城市合伙人渠道

大连凯洋花大力气在全国各地推广加盟专卖店，并携手加盟商一起宣传凯洋品牌，扩大品牌影响力。截至2018年底，大连凯洋在全国共设立300多家专卖店（见图1-2-7）。

图1-2-7　大连凯洋各地专卖店

除专卖店体系外，大连凯洋创造性地推出了"城市合伙人"策略。在沈阳、徐州等地率先建立试点。"城市合伙人"类似任命地方诸侯，通过与当地知名企业建立合作关系，借助其区域销售渠道，实行销售外包。另外，"城市合伙人"策略使大连凯洋通过共享城市合伙人的当地冷库资源，在提高海鲜电子商务物流配送时效性的同时，更能够第一时间了解当地市场需求特点，提供针对性的海鲜产品。

例如，2019年，大连凯洋世界海鲜股份有限公司与禾丰食品有限公司达成合作，

共同开发凯洋世界海鲜礼盒的沈阳市场。辽宁禾丰，成立于1995年，是全球畜牧业舞台上颇具影响力的大型农牧企业，其食品业务板块在东北地区有着成熟的销售渠道和良好的市场口碑。通过"城市合伙人"合作，禾丰丰富了其产品品类，可更好满足禾丰新老客户和广大消费者对优质动物蛋白质的需求；凯洋则借助禾丰既有的销售渠道进入新的市场，快速实现销售。此种合作模式让双方互惠互利、合作共赢。

二、餐饮食材供应渠道

餐饮渠道是大连凯洋推广产品的另一重要手段，公司与多家餐饮企业达成深度合作：公司与重庆陶然居合作，基于凯洋的世界海鲜原料，在陶然居主打高档海鲜餐饮；在北京地区，大连凯洋与北京朗丽兹西山花园酒店管理有限公司合作，发挥各自优势，携手在北京朗丽兹西山花园酒店推出高档海鲜自助餐，作为品牌展示平台宣传大连凯洋的高档世界海鲜（见图1-2-8）。

图 1-2-8　大连凯洋同北京朗丽兹合作海鲜自助餐

三、商超连锁渠道

为直接面向终端消费者，深入C端市场，大连凯洋积极探索与商超企业的合作。2018年底，大连凯洋全面进驻北京地区卜蜂莲花超市（见图1-2-9），并设有专门的凯洋海鲜产品展示柜进行销售。

图 1-2-9　大连凯洋进驻北京卜蜂莲花超市

2019年1月，凯洋世界海鲜进驻东北地区盒马鲜生，成为生鲜展区亮点，同时凯洋世界海鲜礼盒也成为东北地区盒马鲜生指定品牌礼盒。2019年3月12日，大连凯洋与河北宽广集团战略合作意向，共同开发河北市场。河北宽广集团成立于2005年，现为承德地区规模最大的零售流通企业，年销售额已超25亿元，拥有26家大型连锁超市，50余家社区店，是中国连锁经营协会评定的中国连锁快销品百强企业。

四、特通渠道

特通渠道是大连凯洋的传统优势渠道。2018年以来，公司继续强化在这一渠道的合作，相继与4个省份的中国石化旗下易捷便利店及10余个省份的中国石油旗下昆仑好客便利店达成战略合作意向，通过便利店销售凯洋的海鲜产品，进一步提高大连凯洋的品牌知名度。同时，大连凯洋还积极探索同易捷及昆仑好客网上商城的互惠合作，发展在线营销及宣传渠道。

五、新媒体销售渠道

大连凯洋时时紧跟现代营销渠道的发展趋势，公司开发了新媒体销售渠道，利用电视购物、直播软件、微商、网红等新兴营销手段，促进公司各类海鲜产品的销售。2019年7月11日，在副总经理刘圳和的积极建议和主导下，凯洋融媒中心——短视频直播平台"播商"项目正式成立，此平台由大连凯洋世界海鲜股份有限公司、大连融媒海鲜销售有限公司和抖音等短视频平台创作团队三方友好协商达成合作，"播商组"的成立也意味着凯洋世界海鲜从此拥有了自己的融媒体制作中心。

2019年12月14日下午，大连凯洋世界海鲜股份有限公司和"快手"某网红主播达成深度战略合作并举行签约仪式。在签约仪式后，该主播进行了短暂的现场直播带货，琳琅满目的世界海鲜引发全国近千万粉丝的高度关注。直播不足10分钟，海鲜产品成交额过千万。大连凯洋几款主打产品备受青睐，其中3万盒凯洋泰国熟香虾2分钟卖光，3万份凯洋世界海鲜礼盒5分钟售罄；24万罐金枪鱼罐头，上线仅20秒就被抢购一空。

此次大连凯洋与超级网红强强联合进行直播带货的新闻被大连市各家媒体争相报道，刘圳和在接受记者采访时说："我觉得这种网上直播目前是营销手段以及宣传手段中最好的，因为它是全方位的。消费者不仅能在视频里看到产品，而且互相之间也有互动、交流。同时，消费者也能看到主播在直播现场对产品的真实体验，这能真正全方位地把产品的优点、特点提供给屏幕前的广大消费者，所以这是一个非常好的营销模式。"尝到了直播带货的甜头后，刘圳和还表示："新零售的发展是日新月异的，尤其现在抖音、快手等直播软件，它们的带货能力是非常强的，未来的发展过程当中，凯洋可能有30%到50%的销售将通过这种新媒体来完成。"

六、海鲜产品加工贸易渠道（定向加工贸易）

凯洋的海鲜产品代加工模式区别于传统的OEM模式（original equipment manufacturer,

俗称"贴牌生产")。它基于大连凯洋自身的核心竞争力——低价优质的海鲜资源，并利用其现有水产品加工客户，外包加工生产优质海鲜产品，因此这种代加工模式在企业内部也被称为"定向加工贸易模式"。通过定向贸易加工，大连凯洋开发了多款即食、轻食海鲜产品（见图1-2-10）。这些深加工的轻食海鲜产品延伸了公司的产品链，丰富了产品品类，同时也满足了新媒体渠道的产品需求。

图1-2-10　大连凯洋的即食、轻食海鲜产品

第五节　机会与挑战并存的未来

2018年度，公司在魏洋董事长的带领下致力于夯实基础、打造品牌、拓展市场，最终超额完成了年度计划指标。2018年销售额实现2.225亿元，较2017年增长了1.3亿元，同比增长141%。2019年，公司继续飞速发展，年销售额达到4.32亿元，较2018年增长94%（见图1-2-11）。

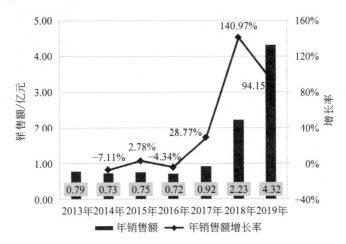

图1-2-11　大连凯洋世界海鲜股份有限公司2013—2019年年销售额

销售业绩的大幅增长，反映出大连凯洋战略转型已取得初步成效。面对如此骄人的

销售业绩，魏洋并没有心花怒放，因为他清楚战略转型确实给大连凯洋带来了发展的机会，但同时公司也面临着不少亟待解决的问题。

一、货好价不高，亦有隐患

经过多年努力，大连凯洋的世界海鲜品牌已经慢慢被消费者所认知，特别是在东北的消费者中拥有较高的知名度。然而，由于海鲜的产品属性，其品质差异难以被普通消费者识别。大多数消费者选购海鲜产品时，更看重价格因素。这一消费特点限制了大连凯洋的品牌溢价空间。虽然大连凯洋海鲜产品品质在行业中处于高端，但凭现阶段的销售价格，其只能在中端到高端区间徘徊，货好价不高，对品牌的长期形象不利。

二、多渠道销售效果不一，收益成本尚需精打细算

2018年以来，在全公司上下的共同努力下，大连凯洋的市场营销能力在"六大销售渠道"的布局下快速成长，年销售额也随之高速增长。然而，大连凯洋多渠道销售存在潜在挑战。

（1）东北地区外消费者对大连凯洋的品牌认知度相对不足，尚未形成全国性品牌。

（2）虽然近两年公司花费大量资源、精力进行品牌建设和推广工作，但与其他销售渠道相比，直接接触消费者的商超渠道销量增长乏力；

（3）以网红直播带货为代表的新媒体渠道销售增速明显，但与其合作的销售成本偏高，新媒体渠道的利润率有待提升。

三、电商直播，新营销仍在探索

2020年伊始，一场新冠病毒的疫情影响了各行各业，也影响了大连凯洋的线下销售。董事长魏洋则利用这销售的淡季，带领营销团队积极学习新媒体营销，并带头在快手APP开起了直播卖货（见图1-2-12）。短短的两小时直播，销售业绩可观。新的一年，在董事长的带领下，大连凯洋还会有怎样的发展和变化？我们拭目以待。

图1-2-12　大连凯洋董事长魏洋在直播卖货

启发思考题

1. 大连凯洋战略转型属于哪个层次的战略调整？
2. 大连凯洋为什么要进行战略转型？

案例二　让国人不出国门吃遍世界海鲜——大连凯洋世界海鲜股份有限公司的战略转型

3. 战略转型初期大连凯洋面对的内外部条件如何？
4. 大连凯洋战略转型初期取得成功及遇到挫折的原因各是什么？
5. 大连凯洋是否已成功实现战略转型？还需要做哪些工作？

拓展阅读　凯洋世界海鲜股份有限公司大事记

案例三

走进大众的菊粉产业

——维乐夫集团的战略转型

摘 要： 河北丰宁平安高科实业有限公司自2011年成立至今，菊粉产能和销量逐年上升，已成为全世界四大菊粉生产企业之一。本案例复盘菊粉这一肠道健康添加剂产业在中国从无到有，从小到大发展过程中的成就与挫折，旨在帮助学生学习和运用成本领先战略和差异化战略，深入理解核心竞争力对企业战略的支撑作用。深入分析其经验和教训，旨在帮助学生学习和运用成本领先战略和差异化战略，理解和运用从成本领先战略向差异化战略的战略转型，理解核心竞争力对企业战略的支撑作用。

关键词： 菊粉、战略转型、成本领先战略、差异化战略、核心竞争力

"您知道菊粉吗？""嗯？是菊花磨成的粉吗？""不，不，不，菊粉不是菊花磨成的粉，而是一种天然果聚糖的混合物。菊粉是一种可溶性膳食纤维，它不能被人体分泌的消化酶消化。因此，它可以完整地通过消化系统，并最终在肠道中被细菌利用，从而起到调节肠道微生态平衡的作用。菊粉有低热量、水溶性等特性及增强双歧杆菌增殖、降低血糖血脂、恢复胃肠功能、增强钙质吸收等诸多功效。"在河北丰宁平安科技有限公司（以下简称"维乐夫集团"）董事长钱晓国的直播间里，他正神采飞扬地为5.9万名观众们介绍着菊粉以及菊粉的功能。

第一节 创立之初：菊苣大王成长之路

维乐夫集团正式成立于2011年，公司创始人钱晓国将土豆规模化种植所积累的资源和能力以及经验复制到菊苣种植上，很快在菊苣的种植过程中实现了成本领先。凭借成本优势以及贴近客户的到位服务，维乐夫在国内菊粉市场迅速占据了一席之地。

一、摸爬滚打，成为土豆大王

维乐夫集团创始人钱晓国出生在河北承德的一个小山村，高中毕业之后，钱晓国

放弃了稳定的丰宁县粮食局的工作，而是到北京打工，攒下了积蓄后回乡创业。回到家乡之后的钱晓国跟原来在北京工作的同事开办了一家坝上草原俱乐部，成为当时河北丰宁县第一个搞坝上草原旅游的人。在经营酒店的同时，善于观察的钱晓国发现，在酒店住宿的客人里边有一些荷兰人，他们早出晚归，并不像是普通的游客。他感到十分好奇，在坝上住宿而不是来旅游的，那在这做什么？钱晓国发现原来他们是到坝上来种土豆的！土豆在中国到处都是，怎么偏偏会有荷兰人到坝上草原来种土豆？经过深入了解，原来荷兰人来坝上草原种的土豆不是一般的土豆，而是专门用来供应给麦当劳做薯条的。

偶然的发现令钱晓国兴奋不已，他从内心里认为在坝上干旅游不是最终目的。土生土长的坝上人还是要回归农业，在自己家乡的土地上挖掘财富，为父老乡亲做出贡献。埋在心里多年的要实现农业现代化的种子，开始发了芽。

2003年，就在旅游度假村辉煌的时候，钱晓国转型搞起了农业，开始了自己的"农民"生涯。钱晓国用经营酒店的资金在坝上草原承包了一万多亩的长期耕地，多次跟随荷兰合作伙伴到欧洲学习、考察，并雇佣这些有经验的荷兰人作为种植技术顾问，采购了欧洲整套先进的马铃薯种植设备，并用美国规模化、机械化、现代化、科学化的方式来治理土地。

经过几年的努力，钱晓国种出了品质优良的土豆，并成功打入麦当劳的供应链。旅游业和农业虽然是八竿子打不着的行业，但凭借他的探索和坚持，成功转型，成为当地有名的土豆大王。

二、偶然发现，土豆大王改种菊苣

2005年，如日中天的"土豆大王"发现田间的土豆出现了产量减少的现象。经过多方打听，才发现土豆最忌讳连作、迎茬，大规模连续种植土豆，使得土壤中营养失衡，杂草和农作物病害增加，土豆生产效率下降。这个问题最佳的解决方案是轮作，但是轮作什么品种最好呢？

钱晓国再度跟随农业专家来到荷兰，通过调查发现，荷兰的轮作一般是第一年种土豆，第二年种燕麦，第三年种菊苣。菊苣？这一新鲜的作物引起了钱晓国强烈的好奇心。菊苣是什么？他们用菊苣来做什么？他带着这些疑问在欧洲寻找答案。

原来，菊苣是菊粉的原料，只有在土地里边把菊苣种植出来，才能通过工厂加工成菊粉。那么菊粉又是做什么的？在欧洲，菊粉产业有30多年的发展历史，作为一种调节肠道平衡的益生元广泛应用于婴幼儿配方奶粉、乳制品等行业。当时，没有任何一家国内公司涉及菊苣种植和菊粉提取生产业务。钱晓国看到了新的机遇，当机立断，他决定开始转型在国内种植菊苣。

2006年，钱晓国尝试在国内小规模的种植菜用菊苣，生产食用菊苣——金玉兰（见图1-3-1），并于2008年成为北京奥运会的蔬菜供应商。同一时期，钱晓国也在摸索如何大规模种植粉用菊苣，只有粉用菊苣的根才能用来提取菊粉（见图1-3-2）。

图 1-3-1　菜用菊苣金玉兰　　　　图 1-3-2　粉用菊苣

三、筚路蓝缕，自主研发菊粉提取工艺

2011年，钱晓国成立维乐夫集团，正式进军菊粉产业。由于有了土豆和菜用菊苣的种植经验，粉用菊苣的标准化、规模化种植进行得比较顺利。但是要从菊苣中提出菊粉，第一道坎就是菊粉的提取技术。菊粉的提取技术长期被欧洲三家巨头企业垄断，由于技术封锁，欧洲的企业从来都不会接受中国经销商去工厂参观的请求。面对这样的困境，钱晓国把目光投向了国内。

当时国内有两家企业也在从事菊粉行业，但与欧洲巨头不同的是，国内企业生产的菊粉并不是以菊苣为原料提取的，而是以洋姜为原料。维乐夫集团收购了为这两家企业提供技术服务的公司——厦门赛普特环保技术有限公司。生产加工设备和基本技术大致有了，但仍没有解决从洋姜提取菊粉到从菊苣提取菊粉的技术转变。初次尝试，使用了170多台生产设备和7道生产工艺，耗费了30多吨菊苣就提取出来1吨菊粉，而这1吨菊粉还不合格。黄圈、黑点、焦糊味，这样的产品不可能卖得出去。怎么办？

就在此时，天赐良机，欧洲菊粉三巨头公司之一的技术总监退休了！钱晓国得知这一消息，如获至宝，不惜重金请其到工厂对维乐夫的提取工艺进行改进。咨询费从欧洲专家离开家门的那一刻开始计算，按小时计费，直至其回到欧洲进入家门，计费周期才算结束。就这样，在重金投入之下，2013年维乐夫的生产工厂终于正式运转起来，维乐夫集团也初步掌握了属于自己的全套菊粉生产工艺技术。

维乐夫集团的出现使欧洲菊粉厂商们坐不住了，他们是行业标准的制定者，拥有绝对的话语权。菊粉来源于欧洲，在维乐夫成立之前，国内没有规模化生产菊粉的企业，欧洲菊粉巨头们在中国市场没有竞争对手。由于菊粉具有调节肠道平衡、促进吸收的功效，当时在国内酸奶中添加菊粉是乳制品企业优选方案。不料，欧洲厂商重新规定从菊粉中提取出的低聚果糖才能添加到婴幼儿奶粉中。突如其来的困难再度将维乐夫推向悬崖。为应对新的行业标准，钱晓国没有选择，只能再次投入重金进行工艺研发，最终成功生产出了质量合格的低聚果糖。其独创的"三步法"菊粉系列产品加工工艺技术不但填补了国内高端菊粉和菊粉分级纯化工艺技术空白,也成为维乐夫的核心生产工艺(见图1-3-3)。

图1-3-3　维乐夫集团独创"三步法"菊粉提取技术

四、成本优势,迅速夺取国内现有B端市场

欧洲菊粉巨头的销售主战场在欧洲,中国市场在他们的眼中是个不起眼的新兴市场,所以他们在中国的菊粉销售采用的是经销商代理制。经销商代理制销售的缺点包括:①服务跟不上去,仅仅是卖菊粉产品;②供货周期长,经销商收取定金,然后到期交货,占用买方的资金;③欧洲的菊粉在国内经过了层层代理,销售价格普遍较高。

钱晓国从中看到了维乐夫的机会。生产方面,由于维乐夫在本地自己种植菊苣,自己生产加工菊粉,成本上具有先天的优势,品质上也有保证。销售方面,维乐夫组建了自己的营销团队,采取工厂直销的模式,上门服务,帮助企业进行产品培训和新品研发。具有竞争力的价格,贴近客户的到位服务,使维乐夫迅速夺取了国内的乳制品和婴幼儿配方奶粉市场,一举占据30%的市场份额,主要客户涵盖伊利、蒙牛、光明、飞鹤、雅士利、圣元等知名乳制品企业(见图1-3-4)。

图1-3-4　维乐夫集团主要客户品牌

第二节　时逢变局：菊粉业务遭遇瓶颈

维乐夫集团远超于国内 B 端菊粉市场需求规模的生产能力使得企业再次陷入销量增长方面的困境，与此同时，国内消费者觉醒的肠道健康意识使得钱晓国意识到 C 端市场大有可为，但消费者对膳食纤维健康知识认知的不足，使得菊粉业务在保健品市场的开拓举步维艰。

一、B 端市场，已到上线

由于菊粉在乳制品和婴幼儿奶粉的添加量很小，国内菊粉市场整体规模只有 2 000 吨，维乐夫在 B 端市场迅速打开局面，却一下子就触及了天花板，而前期规模化种植和重资投入生产产能都还没有完全释放，这可怎么办？

2016 年 1 月 5 日，在清华园里，清华大学生命与医学校友会组织了一次关于肠道健康的青年沙龙，钱晓国作为行业代表被邀请作主题演讲。通过沙龙，钱晓国看到科学界和医学界对肠道健康的研究如火如荼，他感觉机会来了。科学和医学的研究成果将会迅速使大众了解肠道健康的基础知识，进而带动菊粉的消费。随着肠道健康的研究越来越深，越来越广，维乐夫的机会也势必越来越多。大众市场将是维乐夫的发展方向。

菊粉具有热稳定性，可以作为脂质的替代物添加在烘焙食品中，不但可以改善面团的弹性和质构，还可以给食品带来更好的口感和风味（见图 1-3-5）。菊粉还具有一定的甜度，可以作为低热量的代糖物。在全世界已有 20 多个国家批准菊粉作为营养膳食补充剂应用到各种各样的食物中。研究结果证明，菊粉对便秘、心血管、糖尿病、肥胖等方面疾病都有积极的改善作用。将维乐夫菊粉作为具有膳食功能的保健食品原料，添加到日常食品中，不但可以帮助人们改善肠道健康，也可以打开菊粉更广阔的市场。

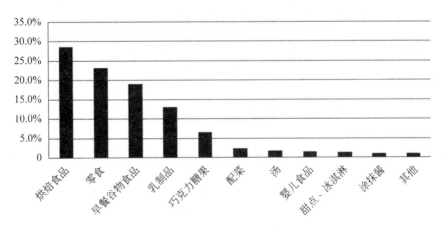

图 1-3-5　主要食品中含菊粉品类占比

数据来源：维乐夫食品研究院。

二、C端市场，缺乏认知

膳食纤维已经被证明有不少健康益处。年初世界卫生组织合作的一项重磅研究显示，饮食中富含膳食纤维的人群更长寿，心脏病、糖尿病和癌症等多种疾病风险降低16%~24%。现实中，很多人摄入量远远不够。在膳食纤维添加剂中，菊粉则是最常见的成分之一。由于具有甜味，菊粉有时也被作为一种低热量的"代糖"添加剂。同时，菊粉还是一种"益生元"。菊粉是一种可溶性膳食纤维。许多水果和蔬菜是菊粉的天然来源，包括香蕉、大蒜、洋葱、芦笋和姜等。菊粉添加剂则通常从菊苣根中提取。

也正是因为看到菊粉在保健方面具有非常重要的作用，2016年10月天狮集团对维乐夫进行了价值8 000万元的第二轮融资，希望帮助维乐夫进入了保健品市场。然而，在天狮集团的助力之下，菊粉在保健品市场的销售情况并不乐观。天狮集团保健品年销售额超过600亿元，补钙类保健品年销售额超过300亿元，可菊粉保健品的市场迟迟无法打开局面。

"您听过菊粉吗？""没有哦。""那您听过膳食纤维吗？""听说过一点。""那您觉得膳食纤维有什么作用，会选择购买此类的保健品吗？""具体还真不太清楚，可能生病的时候会参考医生的意见吧。"这些都是维乐夫集团在进行市场调研时经常进行的对话。

通过反复研究，钱晓国和天狮集团的结论是：老百姓对菊粉了解得太少。一提到保健品，消费者的信任度往往不高。国内菊粉产业在大众市场中仍处于起步阶段，而消费者教育对一般企业来说成本太高。怎么办？

第三节　尝试转型：菊苣种植到食品加工

维乐夫尝试进军保健品市场未见明显成效，而菊粉益生元是朝阳产业，发展前景被普遍看好。随着公众营养知识提升、肠道健康意识增强，下游食品企业产品升级，菊粉益生元市场需求会逐渐释放。但在现阶段，由于菊粉行业在我国起步较晚，国内消费者对肠道健康重视程度不够，认知程度不高，直接做C端市场挑战较大。为拓展C端市场，维乐夫借助医院渠道力争消费者信任，并研发出一系列的功能性食品并向市场推广。

一、借助医学研究，获取消费者信任

靠一家企业是很难完成消费者教育的。为取得消费者信任，钱晓国认为科学和医学的研究成果更具有说服力。一般消费者对企业进行的食品功能性宣传的信任度往往要打个折扣，而对医生的话深信不疑。由此，2017年起，维乐夫集团开始与北京协和医院等医学研究机构合作进行菊粉的医学临床和机理性研究。通过菊粉的临床机理性研究成果，带动维乐夫菊粉的推广和销售。

维乐夫将产品以类似速溶咖啡的条状进行包装，方便患者食用。维乐夫与合作医院做了大量的临床和肌体研究，证实菊粉能够通过改善肠道健康进而辅助治疗多类慢性疾病。在给患者的治疗方案中，维乐夫的零售包装产品作为辅助改善疾病的食品建议患者服用。

同时，以这些研究成果作为基础，借鉴英特尔公司"Intel-inside"的理念，提出"维乐夫 -inside"的概念，使维乐夫的医学临床及机理性研究能够直接为客户产品内核赋能（见图 1-3-6）。开发肠道健康食品的下游产品只要选择维乐夫的菊粉作为原料，维乐夫就会将企业 logo、医学临床和机理性研究结果授权其使用，以便下游企业做产品的市场推广。

图 1-3-6 "维乐夫 -inside"为企业产品赋能

二、研发功能性食品，向 C 端全面进军

2018 年，维乐夫集团成立了"维乐夫食品研究院"，旨在为全面进入 C 端市场做准备。维乐夫食品研究院是围绕菊粉的创新研发平台，业务内容包括菊粉功能研究、市场调研、产品概念定位、客户需求解决方案等。其首要任务是通过开发包括肠道健康、慢性病预防调理以及体重控制在内的功能性产品，将菊粉引入人们的日常饮食中，帮助改善人体肠道微生态，打造国人健康肠道。

维乐夫集团以医学研究为基础，将健康代谢问题分为 2 型糖尿病、血压、血脂、痛风和肥胖五类。围绕这五类代谢问题，维乐夫在 C 端市场注册了一百多个子品牌，并对品牌进行分类管理，围绕不同人群、不同场景，提供针对性的功能性食品。

例如，维乐夫开发了针对爱美女性的"纤 U 美"、针对改善肠道消化吸收人士的"每日膳食"、针对商务男士开发的"半顿饭"等。这些产品均已完成研发，正准备择机向市场推广。

三、打造文创食品，拓宽 C 端销售渠道

受故宫文创产品启发，维乐夫开始尝试与特色景区共同开发文创菊粉产品。钱晓国认为 C 端产品的销售最重要的是要有人流量，而旅游景点就是自带流量的最好销售渠道。为此钱晓国组建了一个产品设计创意团队，利用各种旅游景点背后的 IP，设计出充满故事的文创菊粉食品。

维乐夫现阶段主要开发的是位于河北丰宁坝上草原中国马镇景区。中国马镇是近年来颇具影响力的大型主题度假区，具有自然生态特色和马文化风情的马文化主题公园、特色酒店、草原夜市等。结合中国马镇的景区特色，维乐夫设计出了围绕"马"为主题的添加了健康菊粉的马夫饼、马粪球、高纤奶贝、菊粉时代等特色文创食品，同时赋予每种产品动人的历史故事。下一步钱晓国计划将中国马镇的文创食品销售经验推广到全国景区，拓宽 C 端销售渠道。

第四节　略感欣喜：C 端市场初见成效

维乐夫集团经过一系列的努力，借助医疗渠道的推广模式初显成效。2019 年，医疗渠道销售占维乐夫菊粉 C 端总销售额的 70%。

在当今网红带货、爆品横行的年代，钱晓国想在 2020 年推出一款类似于"养乐多"的菊粉功能性饮料，让更多的人了解菊粉，关注肠道健康。为此，钱晓国给自己起了个新名字——"菊苣大叔"，在网上开始尝试直播带货。初次尝试取得不错效果，40 分钟内的观看量达到 5.9 万人次（见图 1-3-7）。

图 1-3-7　"菊苣大叔"尝试网红带货

2020年新冠疫情期间，维乐夫也做出了自己的贡献。2019年的最新研究成果表明，通过菊粉改善的肠道能够提高小鼠对呼吸道病毒的抵抗力。根据国家卫健委发布《新型冠状病毒感染的肺炎诊疗方案》（试行第四版）的其他治疗措施中提出的，可使用肠道微生态调节剂，维持肠道微生态平衡，预防继发细菌感染的建议。维乐夫捐献出价值25万元的1 600盒菊粉，为丰宁县医院和中医院奋战在疫情一线的白衣天使们献出自己的一份爱心。

第五节　未来展望：机遇与挑战并存

"最终想把维乐夫做成什么样子？"

"上市啊！"钱晓国毫不犹豫地说，"前年曾经有资本看上了这个行当，几个亿想收购维乐夫。家里人都劝我把公司卖了，算下来个人能赚将近2个亿，这辈子还折腾什么？就可以去享受生活了。我一点都没犹豫就拒绝了。我就是个职业农民，希望能将菊粉益生元添加到更多的食品当中去，让更多的人能像我母亲一样，通过维乐夫的产品获得健康，减轻医疗负担。同时还能为家乡父老做点实事，帮助丰宁县脱贫，人生才有价值。"

2020年，维乐夫集团的战略方向是保存量、争增量，保住稳定的B端市场，发力C端市场。钱晓国认为，B端市场上升空间有限，C端市场是维乐夫的未来，也符合肠道健康的发展趋势。现阶段菊粉的C端市场仍然面临很多挑战，需要设法提高消费者对菊粉的认知程度，完善营销体系，开发新产品等。

启发思考题

1. 企业战略一般包括哪几个层次？你认为维乐夫集团战略转型属于在哪个层次上的调整？其目标是什么？
2. 维乐夫为什么要向C端转型？
3. 维乐夫在C端业务做了哪些尝试？成效如何？
4. 您认为维乐夫战略转型成功了吗？你对企业的下一步发展有哪些建议？

拓展阅读　维乐夫集团大事记

拓展阅读　维乐夫集团相关图片

案例四

七彩野地花生
——紫色豹纹有点甜

摘　要：本案例以云南傣御农业科技有限公司为背景，复盘七彩野地花生这一特色品种从无到有，从小到大发展过程中的成就与挫折。公司自 2013 年成立至今，每年营业收入翻番，2018 年营业收入近亿元，是七彩野地花生这一细分领域的创造者和第一品牌。本案例旨在帮助学生学习和运用差异化战略理论和分析逻辑，深入理解核心竞争力与先行者优势对差异化战略的支撑作用。

关键词：七彩野地花生、差异化战略、核心竞争力、先行者优势

2019 年新年伊始，云南傣御农业科技有限公司（以下简称傣御农业）的创始人刘亚楠女士坐在办公桌前，看着 2018 年营业收入一亿多元的业绩报表，会心一笑。回想当年，她怀揣对土地的浓重情怀，对农业创新经营的憧憬，从时尚行业跨界转型，踏入特色农业的创业之路。2013 年至今，她也一直专注于傣御农业核心产品七彩野地花生的经营，公司营业收入从最初的一百余万元，连年翻番。将在农户后院栽种的"豹纹花生"进行产业化种植，创造了"七彩野地花生"这一细分品类和自有品牌。在她看来，2018 年的成绩只是一个小目标，而 2019 年的营业收入目标是再提速，达到 2018 年的三倍。

傣御农业成立于 2013 年，是一家集原生态花生种植、研发、加工为一体的全产业链的开发公司，公司依靠手工农耕、有机种植、回归自然的产品成为人们追求时尚高品质生活的梦想。是以原生态的生产种植方式萃取产品的纯天然本质和传递自然健康的生活真谛，以自然的味道，追求返璞归真的生活方式，诠释原生态的产品。自创立公司以来，刘亚楠不断地探寻着企业的发展，并辗转全国考察，为公司的发展马不停蹄地奔波，一个月就获得了航空公司的白金卡。作为公司的创始人和管理者，感受压力巨大。虽然企业整体发展势头迅猛，但是外部环境风云变幻，企业内部管理也存在诸多挑战。为实现成为特色花生第一品牌的愿景，任重而道远。

第一节　创始人背景

刘亚楠（见图 1-4-1）出生在哈尔滨市附近的农村，家庭条件一般，父亲身体不好。为减轻家庭压力，1999 年，14 岁的刘亚楠就开始利用寒暑假摆摊卖菜以补贴家用。

卖什么品种的菜？刘亚楠有自己的考虑。她只从批发市场批发香菜和葱，因为无论买菜的人做什么菜，几乎都离不开这两种。第一天，小亚楠蹲在菜市场一整天，结果发现白天来买菜的人很少，到下班时间，客流量才上来。第二天，她就改在下班时间出摊，白天就可以出去玩。14岁的女孩就这样大胆地对菜市场里其他人采用了一辈子的卖菜模式进行了调整。"每天放学就去卖菜，当时大约一天能卖一百多元，觉得自己可有钱了！"多年后回忆起来，刘亚楠说，她的观察能力和对消费者心理和行为的揣摩，大约就是那时候培养起来的。

图 1-4-1　傣御农业创始人刘亚楠

大学期间，刘亚楠就读于华南热带农业大学的作物学专业，不过她对专业课程实在提不起兴趣。还没毕业，她就开始自学美妆，进入广州时尚美容行业。她在22岁至24岁时，主要在广州地区做针对美容院的产品推广和技术服务。初入社会的羞涩与矜持，使刘亚楠在工作中备受压力。在对美容院客户的授课中，刘亚楠不敢直视客户，只能面对黑板，一面写一面说，很难与大量客户面对面交流。慢慢地，从最初不敢当众讲话，到后来大型会议的宣讲与培训，从对专业知识一知半解，到与行业专家深度交流，短短三年时间，年轻的刘亚楠就已在广州做到了该领域的第一名，几乎获得了广东省此领域的全部专业证书和奖项。

第二节　从美妆到花生

一、早期创业经历

时尚行业是引领各大行业潮流的最前端。此行业为刘亚楠积累了丰富的品牌塑造和销售经验，也为她之后的初次创业打下了坚实基础。年轻的姑娘，一路打拼，很快触及公司的天花板。身在繁华的大都市中，刘亚楠的内心充满孤独。她回想这几年自己的高强度工作和频繁出差，身心俱疲。有一次，她一星期内在三个不同省份工作，早上醒来不知道自己身在何方。对于广州，刘亚楠缺乏归属感，她反复问自己，这就是她的理想吗？这是她终其一生要去奋斗的目标吗？

一次偶然的旅行改变了刘亚楠的人生轨迹。2005年初，一次出差的机会使她来到昆明，竟再也离不开那里。云南优美的环境、多样健康的食材、慢节奏的生活，使刘亚楠内心感到平和。于是，倚靠自身行业背景，她在云南开始了第一次创业尝试。创业所选行业是她擅长的时尚美妆行业，也赚到了自主创业的第一桶金。但由于销售渠道单一，公司出现亏损，短期内刘亚楠也没有其他办法及时开拓其他渠道，公司经营每况愈下，难以为继。

这条路断了，却出现了新的机会。拥有时尚行业从业背景的她，与几个朋友一起在云南当地做起了农业品牌咨询。刘亚楠凭借着之前的品牌运作经验，为当地农业企业遍访云南各个地区，对农产品进行调查、了解，制订针对性品牌方案，业务拓展顺利。然而，正当品牌咨询业务蒸蒸日上之时，刘亚楠又有了新的想法。"我想进入实业。"她说，"团队辛辛苦苦制作的咨询报告，甲方很认同，就是执行不下去。看到一份份作品最终被尘封在抽屉里，倍感失落。"从这时起，刘亚楠就萌发了亲自进入实业中，实际操盘打造一个农业品牌的想法。

二、新的创业契机

1. 这颗花生不一般

机会总是眷顾有准备的人。2012年，正当刘亚楠在中缅边境的孟连县做项目调研时，好客的傣家姑娘塞给她一把花生。剥开外皮的花生果实上分布着奇特的紫色花纹，多年时尚行业的职业习惯，让刘亚楠对这"豹纹"眼前一亮，简直是太漂亮、太时尚了！她将花生放入口中慢慢咀嚼，花生甘甜的味道和迷人的口感，远远超出普通花生，更像是水果！捧着这把奇异花生的刘亚楠，如获至宝，长久以来寻求的产品就在眼前，她当即打定了以这种花生作为创业产品的想法。

经过与傣族原住民的深入交流和一系列调研，刘亚楠了解到，这种紫色花纹的花生并不是新品类，而是孟连当地少数民族一直种植的古老品种，相传在几百年前是专供当地贵族食用的高贵品种。由于这种花生的产量只有约80千克/亩，且出油率低，种植面积非常有限，农民都是自家种植供自己食用。此外，这种花生对种植环境要求比较严苛，因此一直在孟连当地种植，外界极少见到。刘亚楠将花生送到云南某检测机构，通过科学实验证明：这种花生低脂肪、高蛋白，富含的硒、白藜芦醇、锌和β-谷甾醇等成分远远高于普通花生。由于其出油量低，作为休闲食品食用时不会出现普通花生的油腻口感。对于这个发现，刘亚楠兴奋不已。

2. 这颗花生叫什么？

新奇的花生品种完全不同于人们以往对花生的了解。创业过程中，如果能够找到利基市场，创业成功的概率会很大。一直找寻的实业创业机会就在这颗紫色豹纹花生中出现了。

想要做特色花生产业，先要找好品牌定位。中国是全球花生的主要产区，占据全球花生产量的 40%。国内花生大部分用途是榨油,而市场上作为休闲食品的花生品牌主要有黄飞鸿、酒鬼、老奶奶等。刘亚楠认为,用传统的思路和打法做新奇特品种,无疑以弱攻强,必将举步维艰。而在坚果市场的各品类中,并没有花生这一品类。结合花生的外观优势、口味特色、营养价值,她打算把花生定位在坚果市场。同时,由于前期产量极低,又有留种需求,她将受众群体定义在高收入消费群体。

打定主意,刘亚楠全身心投入即将开始的花生事业。她毅然决然地关闭正处于事业上升期的农业品牌咨询公司,用了八个月的时间系统研究和准备创业项目的各项工作。要做品牌,首先要为这颗花生命名。当时民间有很多叫法,每个村子的叫法都不一样,如豹纹花生、花花生、七彩虹花生、彩色花生、水果花生等。这些名字都只能代表这种花生的某一方面特性,后期品牌推广局限性。经过深思熟虑,刘亚楠给这种花生起了一个好听的名字——七彩野地花生。名字中包含了花生外观特色、产地优势和原生态属性,也开创了这一独特的花生品类。刘亚楠借助自己之前工作中积累的丰富经验,全面开发七彩野地花生的产品特点,将这一品牌打响。如今,七彩野地花生已同时成为品种名、品类名、品牌名。

第三节 打造全产业链公司

刘亚楠给自己公司的定位十分清晰:以七彩野地花生为主打产品,志在打造新式的花生生食理念。由于品种稀缺,她抓住紫色豹纹花生产品的外观独特、营养成分健康、山地荒野高原种植等特点,将七彩野地花生推向坚果市场。由于在市场上没有同类产品,她必须打造从种子、种植、加工到销售的全产业链,来确保产品的品质和供应能力。这其中,种子端和销售端是整个链条的重点。

一、从生产端着手

2012 年开始,刘亚楠就从农民手中收购花生,积累种子。同时,在云南地区详细分析七彩野地花生的种植环境、土壤情况、产量及主要成分,以最大程度增加种植面积,扩大产量。七彩野地花生产量为 80 千克/亩,远低于普通花生 350~400 千克/亩的亩产量。提高产量,稳定供应,是企业的当务之急。

1. 种子提纯扶壮

种子问题是刘亚楠她面临的首要问题,没有种子,一切都是空谈。2012 年,刘亚楠从农民手中收购了 40 吨的七彩野地花生,以当时的价格直接卖掉,她很容易获利几百万元。为了长远发展,刘亚楠没有将来之不易的花生卖掉,而是全部送到种子检测中心,进行选种检测。经过筛选,留下优良的种子,将不适合留种的少量花生推向市场。经过多年累积,七彩野地花生经过提纯扶壮,已基本解决了种子端的退化问题。亩产量已从最初的 80 千克提高到 200 千克以上。

2. 扩大种植面积

由于云南山地较多，不适合规模化种植以提高生产效率（见图1-4-2）。刘亚楠打算将花生移植到山东、河南两个种植大省，以期望依靠当地的大规模机械化种植提高产量。然而，这两个省的花生单位亩产提升幅度不大，口感却有退化。经过分析，这与土壤成分密切相关。七彩野地花生的营养成分主要依靠云南当地的天然土壤，其他地区的土壤很难满足该品种的生长要求。为此，刘亚楠开始在云南省内四处寻找类似的地貌进行种植。由于地形限制，播种面积小，使得刘亚楠选择公司加农户的模式，与当地生产大队或合作社联合，以扩大生产面积，提高产量。经过三年，企业在云南省境内的七彩野地花生种植面积已由最初的50亩扩大到3万亩。

图 1-4-2　云南地区山地种植

二、市场高举高打

由于产品的稀缺性和早期产量有限，对于这一全新品类，刘亚楠凭借农业品牌咨询的背景，高举高打，快速塑造品牌形象，占领市场高点。

1. 品牌营销

为快速打造七彩野地花生的品牌，刘亚楠拿出当年自己做时尚行业的宣传经验和农业品牌咨询的专业知识，对七彩野地花生的产品优势进行了全面的宣传和品牌打造（见图1-4-3）。凭借多年的市场营销经验和对市场的敏锐观察能力、对消费市场的了解，把七彩野地花生定位为生食原味坚果，打造健康营养的全新轻养品牌，这一定位避开了传统花生食品市场的红海领域，寻找到了适合七彩野地花生独有的健康、休闲、养生的特色领域。在定价方面，不参考10~20元/千克的普通花生定价，而是大幅度提高产品定价到100元/千克。

图 1-4-3　七彩野地花生卡通形象及 logo

企业 logo 设计花了不小的一笔费用。现有 logo 设计让人眼前一亮，将产品特性、地域特性、健康营养理念完美融合在一起，为品牌塑造起到了关键作用。

2. 市场定位

由于产品前期产量较少，且要为后续营销积蓄力量，七彩野地花生瞄准了高净值人群。在具体操作上，选择了银行的 VIP 客户渠道，采用饥饿营销模式，通过与银行合作，为高净值消费人群的提供专属礼品。"虽然客户数量有限，但在第一时间，云南当地的有钱人都吃过七彩野地花生了。"刘亚楠在回忆这段经历时，仍不免流露出一种成就感。

随后，伴随产量逐步提高，将市场定位于特色礼品。创业前两年，傣御农业的营业收入分别为连续翻番，由不足 200 万元迅速增长到 2014 年的 1 000 万元。2013 年 10 月到 2014 年 1 月，公司发展了 13 家代理商，且要求代理商首批订货额需达到 20 万元。当时只有当地的褚橙可以提出这样的要求。

第四节　高速路上困难重重

创业初期的快速增长仿佛过于顺利，企业在高速增长的过程中逐渐暴露出诸多问题。2015 年至今，虽然营业收入仍然保持着每年翻番，但发展中的问题犹如定时炸弹，如不能妥善处理，随时有对企业产生致命影响的风险。

一、政策风险引发销售危机

2015 年，与礼品相关的行业销售严重受挫。早期定位于银行 VIP 礼品、伴手礼等市场的七彩野地花生也不例外。这一年，占销售量 50% 的花生礼盒销售大幅下降，100 余吨花生卖不出去，订单损失估算约 800 万元。花生没有销路，刘亚楠眼睁睁地看着自己这一年苦心经营的花生已出现部分变质、腐烂迹象。面对着堆积成山的花生，纵有万般不舍，刘亚楠必须快速做出理性的止损方案。她当机立断，打算把这一百多吨花生以几乎白送的价格卖给养牛场。此时，公司另外两位股东提出强烈反对意见，建议产品降价销售以解决库存。一手打造的品牌形象和市场口碑，不能因为欠佳的品质和盲目的降价而前功尽弃，经过再三考虑，刘亚楠顶住压力，最终以 2 万元的价格将 100 吨花生全部卖给了养牛场。

刘亚楠需要马上拓展新市场。2016年，傣御农业将销售渠道转向商超、旅游伴手礼方向。傣御农业首先攻下山姆会员超市，成为该品类的独家供货商。随后与食人谷、三只松鼠、百草味、盒马鲜生等新零售企业合作进行OEM代工。终端产品同时展现销售商和七彩野地花生两家的品牌。同时，借助互联网平台，在淘宝、微店开设自有品牌店铺。

销售渠道调整后，刘亚楠又开始了"空中飞人"的生活（见图1-4-4）。作为公司创始人，她仍旧坚持事必躬亲。刘亚楠是公司的第一销售，80%的销售额由她创造。公司销售团队只有4人，主要任务是为刘亚楠的订单做后续处理工作。经过这一番调整和苦心经营，到2016年，傣御农业已把之前损失全部弥补回来。2017年，傣御农业营业收入突破4 000万元。而此时的刘亚楠，已感到身心俱疲。

图1-4-4　刘亚楠2017年4月行程安排

二、合作社信用爆发产地危机

市场销路刚刚重新打开，生产端又出现了问题。由于七彩野地花生已在当地拥有一定知名度，市场上陆续出现了竞争者对手。有不少地方开始效仿种植七彩花生，甚至有的企业和个人来到孟连，到傣御农业合作村镇，用高价收购的手段拦截傣御农业的原料。

2016年，面对实际利益的诱惑，孟连当地合作社选择了对切身利益更优的高收购价格一方，与傣御农业单方面毁约。刘亚楠深入田间地头，和当地村主任、合作社负责人拉关系，套交情，希望他们能够遵守之前签订的协议，按双方约定履行合同。然而，由于种种客观因素，当地农民都将花生卖给收购价高的一方，这一折腾，花生的收购价直线上涨，对傣御农业的原料稳定和成本控制造成了严重影响。

价格的波动使种植户尝到了甜头。2017年，孟连县某个村主任与其他村私下联合，恶意哄抬花生收购价，使原料收购成本大幅上涨50%~60%。傣御农业与孟连县的合作机制已基本破裂，这是刘亚楠最不愿意看到的。产地危机不仅威胁到企业利润率和运营，也让她感到无比心酸和心寒。

为保护花生种子不外流，之前七彩野地花生的果实在出售前均经过处理，其他人种植无法发芽。借助孟连产地危机契机，刘亚楠静心思考，如果将一个品类做大做强，光靠一个企业是难以胜任的。如果傣御农业的愿景是打造特色花生的第一品牌，就需要整合所有力量，共同将市场做大。

自此，傣御农业主动削弱种子壁垒，不再对花生进行处理，任由其他企业进行模仿种植。同时，傣御农业积极开发孟连县以外的地域进行种植，并采用新的合作机制。不再与当地合作社合作，而是直接与种植大户签约，同时与他们签订反担保协议，锁定价格，控制风险。在保证产量稳定的同时，也从制度上约束了种植大户的行为。

七彩野地花生目前的终端产品主要有生食干花生和熟花生两类。而最具爆品潜质的产品是鲜生花生。其口感和甜度堪比水果。而鲜果的常年稳定供应是能够在该领域突破的瓶颈之一。传统的花生一般五月种植，九月收获。每年的鲜果供应只有九月至十一月这三个月。为突破这一局限，刘亚楠打算利用云南特殊区域的小气候特性，实现全年播种，月月收获。这样一来，既可保证鲜果全年供应，也可以为干果的生产加工提供更为稳定的供给。

三、昔日功臣挥泪斩

作为创业企业的创始人，公司成立五年多来，刘亚楠几乎包揽了公司的大小事情。一年到头几乎没有休息日，全年三分之二的时间，要么在外地出差，要么在出差的飞机上。2019年春节，原本计划好好休息的刘亚楠在大年初四一早就回到公司开始工作。

快速成长的创业企业，人才短缺是普遍问题。而傣御农业身处我国西南部云南省，招聘一流人才更为困难。刘亚楠一直全身心投入于市场开拓，将招聘事宜全权交给助理处理。该助理在傣御农业成立初期就加入公司，是公司的元老级人物，能力突出，执行力强，做事灵活，深得刘亚楠重用。无论是维护云南当地政府和大顾客关系，还是日常运营公司和应对突发事件，该助理均能在刘亚楠不在公司时独当一面。

公司对于优秀人才求贤若渴，却一直难有"千里马"加入。2017年，公司一直招聘不到令刘亚楠满意的高管人员。一次偶然的机会，刘亚楠在与合作方的董事长吃饭时遇到了曾经被傣御农业试用过的一位职业经理人，其现在为合作方公司工作。经过询问，刘亚楠才恍然大悟，之所以这位经理人离开傣御农业，是因为她的助理从中作梗，嫉贤妒能。

面对这样一位跟随其多年的老部下，刘亚楠十分为难。辞退？助理毕竟是多年的功臣，且能力很强，舍不得。刘亚楠至今还记得2017年的一个下午，税务局一个电话打到她的手机，说傣御农业错开了三张发票，要处以20万罚款，第二天立即缴纳。当时刘亚楠在外地出差，对于整个事情的来龙去脉并不知情，也无法做出准确判断。而毫无财务背景的助理就是在此时挺身而出，以敏锐的洞察力和沟通能力迅速判断出发票开错的原因，迅速纠正错误，最大限度地减少了公司损失，也维护了公司声誉。留下？助理变成了公司人员迭代的阻力和障碍，与公司快速发展的人才需求不匹配。功难抵过，2018年5月，刘亚楠下定决心，"挥泪斩马谡"，解聘了助理。虽然失去了一员大将，但是为公司的管理人员迭代扫清了障碍。

四、2019年营业收入如何达到2018年的三倍？

2018年，傣御农业成立五年。五年来，公司取得了很多业内的奖项，先后获得全国科技部优秀企业奖、中国科技创新创业大赛云南省生物医药类一等奖，等等。这一年，公司营业收入再上新台阶，达到1亿元。

2019年,刘亚楠定下的营业收入目标是3亿元。之前公司发展迅速,每年营收翻番,而这一年将目标定为2018年的三倍,她是这样考虑的。

1. 鲜果供应

由于种植面积及保鲜技术受限,鲜花生虽然品质、口感突出,但是一直未作为主打产品进行推广。2019年上半年,在云南省内轮流种植和与欧洲技术对接,将解决鲜花生的供应瓶颈。作为七彩野地花生的主要产品特色,经过测算,刘亚楠对鲜果供应对营业收入的贡献充满信心。

2. 花生衍生产品

在加工过程中,一些果实不饱满的籽粒,没法转换成产品。因此公司计划增加鲜花生乳的产品研发,预计在2019年9月推出。除生食干花生、鲜花生、熟花生外,围绕七彩野地花生的衍生产品包括花生酱、牛轧糖、蛋白粉、花生饮料等(见图1-4-5)。花生衍生品可以促进花生加工成品率提升,进一步降低成本,为营业收入增长做出贡献。

图1-4-5　花生饮料

第五节　尾声

早在2016年,某央企希望与她达成收购协议。对很多创业者来说,这是获得资本和央企背书的绝佳机会,而想要成就一番事业的刘亚楠思考再三,还是拒绝了。作为企业的创始人,刘亚楠依然坚持每月只从公司领2万元的工资,用她的话来说,她并不缺钱,还是想实现自己的理想,也不枉人生来一遭。

傣御农业就这样,从2013年开始,发展到了如今的上亿规模。作为创业者,看似饱和的市场,刘亚楠能嗅到商机,抓住产品的特色优势,开拓独有的目标市场,高效地推进销售进度。公司成立后,她一直走在市场的最前沿,保持着对市场的敏锐度和对品牌特点的准确把控，树立云南七彩野地花生在市场上独树一帜的品牌形象。同时关注生产端的产品问题，保证了产品在市场上的竞争力，更具备了极强的品牌营销能力，牢牢把握了产品的特色、品牌的市场地位，将企业的发展不断推向高峰，并引领行业的进步。对于刘亚楠来说，创业成功所带来的成就感远大于她个人所获得的金钱上的满足。七彩野地花生作为一个新品种、新品类、新品牌，刘亚楠还在夜以继日地为其发展而奔走。七彩野地花生在快速发展中面临着众多已知和未知挑战，能否一个个攻克，成就特色花生第一品牌的未来，我们拭目以待。

启发思考题

1. 七彩野地花生产品特点是什么？刘亚楠为什么会选择这个行业和产品？
2. 七彩野地花生为什么可以从无到有，从小到大？
3. 傣御农业发展过程中遇到的主要困难有哪些？它是怎样解决的？
4. 傣御农业未来发展趋势如何？有哪些机会和挑战？

拓展阅读　七彩野地花生产品相关图片

拓展阅读　企业所获荣誉相关图片

案例五

大洋深处的软黄金
——和之鳗的蓝海战略

摘　要：本案例以深圳和之道科技有限公司创立的鳗鱼品牌"和之鳗"为研究对象，描述企业经过短短三年时间，从零起步，迅速打开国外、国内两个市场，年销售额突破两亿元的创业历程，帮助学生学习蓝海战略的分析框架和理论内容，深入理解价值创新、重建市场边界对企业开创蓝海的支撑作用，适用于"战略管理"中"蓝海战略"章节使用。

关键词：蓝海战略、价值创新、鳗鱼

2019年12月，"和之鳗"品牌创始人许少武风风火火地推门进入案例研讨室，只见他一改往日帅酷的大背头发型，变成了国内常见的平头发型。

"许总，您……怎么换发型了？！"

看着我们惊奇的眼神，他哈哈大笑起来。"你们知道吗？我现在啊，入乡随俗，这个发型省心啊。"就着大家的好奇劲儿，他兴致盎然地讲起了自己的鳗鱼创业历程和公司在日本和中国的发展状况。

"这条鱼，真的非常神奇！"每当许少武提起自己创业的故事时，经常情不自禁地说出这句话。他说的这条鱼，就是被业内人士称之为"水中软黄金"的鳗鱼。

鳗鱼属于鳗鲡目，也被称作白鳝、白鳗、河鳗等，是一种无鳞鱼类，似蛇，一般产于咸淡水交界海域。全世界鳗鱼主要分布在温热带的太平洋、印度洋、大西洋水域，在中国主要分布在长江、闽江、珠江流域、海南岛江河湖泊中。鳗鱼幼苗出生于大洋深处，长约6厘米，重约0.1克，呈细薄透明状，其体液近如海水，也被叫作"柳叶鱼""玻璃鱼"。鳗鱼有其独特的洄游特性。每年，鳗苗刚一出生，就要独自迎接万里之遥的远行，经过半年多的时间，从大洋深处到达淡水中成长。鳗鱼的一生，伴随着历经江湖海洋的传奇色彩。

正是这种来自大洋深处的传奇生物，无时无刻不牵动着许少武的心。经过三年的时间，许少武已经成立了自己的鳗鱼制品企业——深圳和之道日式食品有限公司，并创立了"和之鳗"品牌，打开了日本和中国两个重要的市场，年销售额达到两亿元。

公司发展正在快速步入轨道，2020年，许少武给自己的公司树立的目标是将业务范围扩展到中国的北京、上海、广州、深圳四个大区，发展合作伙伴1 700家；同时，

开启在北美市场的销售渠道。许少武希望自己的公司能在未来不断做大做强,能让中国的鳗鱼业拥有自己的优质品牌,做世界最好的鳗鱼食品。

第一节 创始人背景

许少武出生在中国广东省韶关市,从小就是一个善于思考、敢想敢干、有些执拗的人。正如他自己所言:"我这个人,有些偏执。"

许少武在创立深圳和之道日式食品有限公司之前,已经在商业上摸爬滚打了十多年,他先后任深圳康佳集团、深圳康佳通讯科技股份有限公司、广州鹰泰集团等多家企业的高层管理人员,已经非常成功,在商业模式设计、整合营销、产业规划运营方面有自己独到的见解。另外,博学多识的他还担任抚远市和遵义市的农业产业顾问、中国蔬菜流通协会副秘书长。

虽然身居要职,但是许少武并未安于现状。工作之余,他常常研究企业运营管理方面的案例,希望有一天,能够独自撑起自己的一片天地。

第二节 鳗鱼领域"新"发现

商场如战场,从偶然发现商机,到认真思考和调研,以及摸清真实情况后的果断推进,和之鳗的成长同样历经了诸多磕绊与坎坷。立于言,践于行,铭于心,许少武用"愚执敏行"四个字表达出他对鳗鱼事业的坚定与执着。

一、创业初期结缘鳗鱼行业

许少武的一次日本之行令他对鳗鱼刮目相看,然而国内的鳗鱼业发展状况却不如人意,巨大的落差让他毅然投入这一事业,决心打造出优质的鳗鱼品牌。

1. 日本考察发现商机

2017年,许少武去日本考察,无意间到了一家日料店,品尝了当地正宗的鳗鱼料理。鳗鱼的香糯、鳗鱼汁的香甜,给他留下了极深的印象,让他瞬间对鳗鱼充满好奇,开始留意一切有关鳗鱼的信息。

经过进一步了解,许少武发现世界鳗鱼消费市场以日本为主,美国和俄罗斯次之,而中国是鳗鱼最大的养殖中心。中国鳗鱼出口产品以烤鳗为主,每年有3万吨左右的烤鳗制品出口,占到世界烤鳗出口量的90%左右,中国出口的鳗鱼中60%以上出口到了日本,其他则出口到美国、俄罗斯等国家,美国80%左右的烤鳗从中国进口。

许少武还发现,鳗鱼料理不仅好吃,而且营养价值也极其丰富。鳗鱼属于高蛋白、低脂肪水产品,富含维生素A和维生素E,含量分别是普通鱼类的60倍和9倍,其中维生素 A 为牛肉的 100 倍,猪肉的 300 倍以上;另外,鳗鱼还含有被俗称为"脑黄金"的 DHA 和 EPA,其含量比其他海鲜、肉类高;鳗鱼的皮和肉还含有丰富的胶原蛋白。鳗鱼是一种洄游性动物,目前还没有足够的技术对鳗苗进行人工培育,只能通过自然捕捞获得,鳗苗资源非常珍贵,被业内称为"水中软黄金"。

回国后,许少武念念不忘那次鳗鱼料理。他认为,中国这么大,一定也会有类似的料理。于是,他兴冲冲地带着家人去了一家有名的日料店。然而,令许少武万万没有想到的是,鳗鱼的腥味特别重,肉质非常硬,难以下咽。为什么中日之间的鳗鱼差异会这么大?许少武惊诧地发现,世界最大的养鳗中心在中国,但是中国却长期为日本代工生产。在这世界最大的养鳗中心,居然吃不到好鳗鱼,没有自己的品牌,这让许少武感到非常揪心。

这不就是商机吗?他眼前豁然一亮。

2. 鳗鱼大有作为,启动创业步伐

当许少武意识到鳗鱼商机后,他又觉得有些疑惑,这么大的商机难道就没有人发现吗?他开始对鳗鱼市场进行了深入调研。通过追根溯源,了解到鳗鱼产业状况,才知中日两国鳗鱼市场的消费品质差异巨大,其中原因颇多。

首先,我国鳗鱼消费市场发展相对滞后。日本有着 200 多年的鳗鱼文化,世界主要的鳗鱼消费市场长期聚集在日本。我国鳗鱼产业 1979 年起步,只有 40 多年的历史,虽然已成为世界最大的养鳗中心,但是大部分鳗鱼以代工模式做成烤鳗制品出口到日本,国内消费市场发展相对落后。

其次,国内鳗鱼市场竞争激烈,产品品质不一。由于国内鳗鱼市场竞争主要为价格之争,劣质鳗充斥市场,问题鳗、死鳗比比皆是,有些日料店会采用劣质鳗,造成消费品质参差不齐。

第三,投入高,风险大,行业发展活力不足。一方面,鳗苗无法人工培育,靠天然捕捞为主,产量和价格波动大。歉收年份价格最高能到 35~40 元/尾,而捕捞量大时低至约 20 元/尾。按 20 元/尾,放养密度 500 尾/m^2 计(每平方米投放体重 20g 的鳗种 10kg 为业内推荐密度),则 100 m^2 池塘的鳗苗成本在 100 万元以上;另一方面,养鳗过程存在很大风险,一旦染病,满池遭殃,导致新人不愿养鳗,老人苦于没人接班。

因此,我国国内鳗鱼市场的发展比日本缓慢得多,国内日料店的鳗鱼料理水平也参差不齐。

国内有价值 200 多亿的鳗鱼市场,却没有自己的品牌,鳗鱼价格随意被打压,民众吃不到好鳗鱼,这让有强烈责任感的许少武按捺不住了。他下定决心要扭转这一局势,打造出中国自己的鳗鱼品牌。比较了小龙虾的重口味习惯吃法、大闸蟹的季节性供应特点,许少武判断在人们逐渐关注食材健康营养的趋势下,鳗鱼一定大有所为,未来市场增长空间巨大。就这样,许少武启动了鳗鱼创业。

二、摸清鳗鱼产业状况，精准布局

在确立进入鳗鱼产业后，许少武踏实下来，从产业链的前端养殖到最后的销售进行了认真的摸排，将自己的着力点放在销售端。

1. 亲自下鱼塘，充分认知鳗鱼产业

为了深入探索，许少武考察了广东顺德、惠州一带的鳗鱼养殖场，走访国内前十家鳗鱼加工厂，结识了不少业内朋友。

他多次到各养殖场考察，亲自下鱼塘抓鳗鱼。听养殖户谈到，别的鱼越大越好，而鳗鱼却越小越值钱，这让初入门的许少武一头雾水。他意识到，想要创业，可真没那么简单。2017年3月，为了进一步研究清楚鳗鱼产业的所有环节，许少武投资几十万承包了一个鱼池，亲自试验养殖。经过近一年时间，他终于把鳗鱼养殖这事儿弄清楚了，也终于知道为什么鳗鱼越小越值钱，原来，因为养殖的鳗鱼主要出口给日本，小的鳗鱼肉嫩，日本消费者更喜欢，而大的就只能就卖到中国市场。中国市场鳗鱼价格偏低，自然大的就卖不上价了。

许少武通过考察和试验养殖认真了解了鳗鱼的产业状况，他发现，做鳗鱼可真是又费钱又费心的事。鳗鱼产业链不仅涉及的环节多，而且每个环节都要投入大量的资金。至少要经过鳗苗捕捞、鳗鱼养殖、生产加工、包装、销售等一系列环节，鳗鱼才能进入消费者手中。通常，大多数的鳗鱼加工成烤制品后，经过国内贸易公司出口到国外，或者是经过国内贸易公司批发到国内市场，再经零售商到达消费者。（见图1-5-1 鳗鱼产业链示意图）。

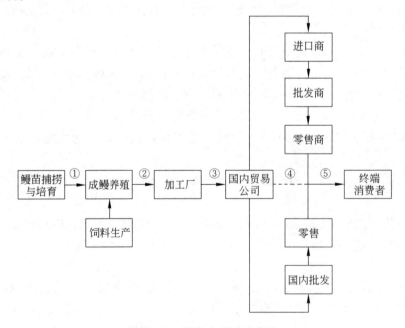

图 1-5-1 鳗鱼产业链示意图

首先，鳗苗捕捞成本高风险大。鳗苗价格因产业歉收，2012—2019年整体呈上涨态势，高峰时达35元/尾，通常每尾重0.1克，1克高达350元，价格可比拼黄金（见图1-5-2）。鳗苗无法人工繁殖，捕捞是靠天吃饭，风险不确定。

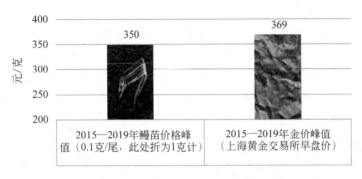

图1-5-2　鳗鱼苗价格与黄金价格对比图

其次，鳗鱼养殖成本高。养一池鳗鱼成本动辄上百万元，成品后一塘价值至少500万元，一条鱼70~80元，养殖中鳗鱼一旦染病，满池遭殃，病害风险极大。因此，拥有上亿身家的鳗鱼养殖场老板，其实压力非常大。

最后，创建鳗鱼加工厂也需要大量资金。鳗鱼加工厂的投资除了需要固定的厂房外，还需要先进的烤鳗生产线，从厂房投入到生产线的购置，投资得几千万元至上亿元。

这还没有考虑包装和销售端的投入。庞大的投资数额让许少武眉头紧锁。

2. 明确发力点，意图开拓日本市场

许少武决定不做鳗鱼全产业链，重点从销售端发力。许少武在亲自养殖鳗鱼的过程中发现，要是通过传统方式，自己养鳗鱼，自己加工和销售，发展太慢且占用大量资金和精力。因此，他决定不走大包大揽的路子，而用自己多年商业经验中形成的工业化思维来运作，将自己的主要精力放在营销上，打造优质鳗鱼品牌。

几经思考，许少武打算从日本市场发展自己的鳗鱼业。许少武比较了中日两个市场的鳗鱼产业状况，中国市场主要以价格竞争为主，产品品质不一；日本市场发展相对成熟，消费意识强，对优良品质也更注重。他意识到要想做好鳗鱼，一定不能走中国市场那种比拼价格打市场的方式，而应选择从鳗鱼发展最早和相对成熟的日本市场来发展。

鳗鱼产品主要有活鳗、冻鳗、烤鳗几种形式，鳗鱼主要以烤鳗制品形式销售到日料店，再由日料店加工成鳗鱼料理到达消费者。为了做出自己的品牌，许少武决定选择主要以烤鳗制品形式对鳗鱼进行销售出口。

但是，许少武既没有自己的加工厂，也没有生产线，资金也有限。他琢磨着如何用自己的1 000万元来实现两个亿的年销售额目标。

3. 寻求"鳗王"合作，加速公司启动

许少武琢磨，出口日本的鳗鱼通常都是烤制好的成品，必须有一个高水准的加工厂，如果能找到有资质的工厂合作，那出口日本的步子岂不是又快了很多？

中国的江苏省东台市，全国一半以上的鳗苗都在这里被捕捞。当地有一位被称为"中国鳗王"的姜先生，这位姜先生在鳗鱼业发展了40多年，不仅掌握着鳗鱼驯化和培育技术，还拥有一个2015年建成的鳗鱼加工厂，加工厂年产能3 000多吨。许少武不仅看上了老姜的技术，也看中了老姜的加工厂。

于是，许少武找到了老姜。老姜一开始对许少武并不热情，但许少武心里打定了主意要拿下这个"鳗王"。许少武就在当地找了一家酒店住了下来，天天跑到老姜的工厂，经过整整一个星期，老姜的话开始多了起来。许少武把自己想做鳗鱼品牌的想法告诉了老姜，许少武想联合国内鳗鱼养殖户们一起把中国的鳗鱼做起来，一起分享这个大蛋糕。这个想法打动了老姜，两人的共同语言越来越多。就这样，许少武用了1 000多万元，购进鳗鱼苗委托老姜帮他做养殖，并让老姜代加工。

有着多年商业运营经验的许少武，将互联网标准化思维用到了鳗鱼上，他开发了标准化烤鳗制品，将鳗鱼按不同部位进行加工，定量化包装，通过细分，同样的烤鳗制品，他的可以按部位划分，按重量划分，打造出独特的标准化产品（见图1-5-3）。这样的产品分类在业内以前没有人做过，这样细分的好处可以解决日料店在制作过程中的精准用料问题，便于核算成本，减少制作中的余料不好存放而产生的浪费，这对于鳗鱼日料店很有吸引力。

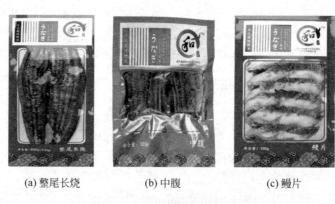

(a) 整尾长烧　　　　(b) 中腹　　　　(c) 鳗片

图 1-5-3　和之鳗的标准化产品

第三节　日本市场喜忧参半，延伸布局中国市场

2018年，许少武几经磨砺开拓了日本市场的业务。正当日本市场发展见好时，业务却受到中美贸易冲突的影响。困局之下，许少武看到中国市场的潜力，果断转向中国市场。

一、日本市场喜获订单，销路看好

凭着执着劲儿，许少武很快就在业界做得风生水起，可高兴没多久，他发现更难的事在等着他。许少武想做中国自己的鳗鱼品牌这件事，惹恼了当地被他动了蛋糕的经销商。最初，许少武是通过中国当地经销商卖到日本，而现在要跨过这些经销商直接出口日本，这自然引起了当地经销商的不满，许少武即将面临一条鳗鱼也卖不出的困局。

为了突破困局，2018 年初，许少武决定亲自前往日本。日本偌大的海鲜市场里，他没有一个熟人，可这并没有阻挡住许少武，他来到东京一个鳗鱼销量最大的市场。正是在这个凌晨两点多还热闹非凡的海鲜市场，他找到了突破口。

经过几天的观察，发现市场里有一个 60 多岁的中国人齐先生。别看齐先生看起来不太起眼，可他已经在这个市场很多年了，且他的产品在市场上占了一席之地。许少武找到齐先生后，将自己打算把中国鳗鱼做起来的想法告诉了齐先生。齐先生也是个爽快人，很赞同许少武的想法。于是把许少武引荐给了一个当地很有名气的水产上市公司。

这家水产公司和鳗鱼还真有一段故事。原来，该公司 8 年前也在做鳗鱼业务，当时从中国福建的一个鳗鱼企业进货。有消费者从鳗鱼里吃出了金属丝，导致公司损失惨重。从那之后，公司撤掉了鳗鱼业务。许少武知道情况后，非常有诚意地提出了解决办法，提议通过委托代理合作，如果产品质量有问题，和之鳗可以兜底。水产公司也很想拾回鳗鱼业务，接受了许少武的提议，当场签下一个 2 000 万元的订单。

许少武用自己的执着和热诚，推动了和之鳗在日本市场的发展。随后，许少武在日本建立了多个销售渠道，因为少了中间商，他的利润率也提高了 1 百分点。

二、贸易战引愁云，中国市场见曙光

可就在一切看着风生水起时，一件大事的发生令许少武又开始头痛了，这就是中美贸易冲突。2018 年 9 月 18 日，随着中美贸易冲突的持续升级，美国公布对中国 2 000 亿美元商品加征 10% 的进口关税，其中就有国产烤鳗。受这场贸易战的影响，中国大陆对美出口的烤鳗关税大涨，烤鳗关税提高到 30%，鳗鱼通关时间延长，美方提高技术通关壁垒，出口困难重重，国内鳗鱼企业转而寻求在国内和日本市场销售，造成鳗鱼市场竞争激烈，陷入更深的价格竞争。

许少武又一次感觉到了压力，他意识到，日本市场空间有限，他即将面临更多的竞争。国内鳗鱼市场更是价格战打得火热，自己的企业又该何去何从？

不过这一次并没有难倒他，许少武看到了国内日料店和其他零售顾客的市场前景，很快调整了布局，转向中国市场。

第四节 奇招制胜，中国市场迎来大发展

许少武深入探究了国内鳗鱼料理品质不好背后的原因，用和之鳗的优质产品和多样化的服务，赢得了国内市场的认可；同时，他还筹划着北美市场的业务。

一、国内鳗鱼价廉物不美

2018 年底，当许少武决定发展中国市场业务时，深知中国市场现状，烤鳗厂长年

开工不足，鳗鱼养殖户竞相在国内市场拼杀价格，日料店的鳗鱼料理普遍不好吃，但他相信在这个世界最大的养鳗中心，一定能做出好鳗鱼。

一次偶然发现令许少武开拓国内市场的想法更加坚定。有一次，他去了朋友的互联网公司，那里的员工大都是年轻人，趁着午餐时间和员工们聊了聊鳗鱼，他发现那些年轻人对日料充满喜爱，对鳗鱼料理也更容易接受。许少武想，中国大城市年轻人的市场一定充满潜力，只要有好产品，一定有消费者。

接下来，他又开始调研国内各大日料店。他发现，国内日料店的鳗鱼料理腥味重，主要有两个原因：一方面，部分日料店为了降低成本，采购低价问题鳗鱼；另一方面，大多数日料店的鳗鱼料理制作水平有待提升。

找到问题背后的原因后，许少武决定要做出一些不同的产品和服务出来，改变这一现状。

二、"老许说鳗鱼"——许少武不仅仅卖鳗鱼

授人以鱼不如授人以渔，2019 年，许少武推出了他的特色服务。在中国市场，和之鳗不仅卖鳗鱼，还教日料店、教粉丝怎么做正宗好吃的鳗鱼料理。

和之鳗在向日料店出售鳗鱼制品的同时，提供鳗鱼菜单，将服务菜单化，日料店可以根据自己的意愿选择菜单服务项目（见图 1-5-4）。因此，合作的日料店不再担心做不出好料理。

图 1-5-4　和之鳗的菜单服务

和许少武合作的日料店,合作前后有了明显变化。合作前,日料店自己做鳗鱼没招牌,合作后用了和之鳗的产品,平均毛利从65%提升到了70%。合作前的客单价通常在80元左右,合作后的客单价能够达到120元,鳗鱼料理每月的销售额成倍增长。通过选择菜单服务和一系列标准化产品,日料店的老板们发现,虽然和之鳗的产品价格高一些,但是省心方便,客户买账,最后一算总账,反而是赚了。这样,许少武的鳗鱼制品越来越受欢迎。

在菜单服务的基础上,许少武还在公众号、抖音平台开启了"老许说鳗鱼"栏目(见图1-5-5),推出制作鳗鱼料理的软文、视频、直播。进入和之鳗的公众号,可以看到"和之鳗""说鳗鱼""买鳗鱼"三个端口。点击"和之鳗"端口,可以看到和之鳗的品牌动态和品牌故事;点击"说鳗鱼"端口,可以看到"老许说鳗鱼"系列;点击"买鳗鱼"端口,可进入和之鳗的线上商城,为购买提供了简单的通道。许少武通过一点一滴的特色服务,不断拉近和之鳗与中国消费者的距离,传播鳗鱼饮食文化的精髓,用心打造和之鳗这一优质品牌。

图 1-5-5　和之鳗微信公众号和抖音账号

除此之外,和之鳗的鳗鱼制品,采用了定量真空包装,这极大方便了鳗鱼的保存。日料店可以按实际客流量灵活安排采购,鳗鱼存放变得简单易行,也大大减少了制作和保存中的浪费。

就是这样的认真劲儿,和之鳗在中国的市场一下子打开了。经过一年多的时间,和之鳗在深圳和上海同130家日料店达成了供货服务合作。功夫不负有心人,许少武正在一步步接近自己的目标。

三、布局北美市场

许少武的行动速度令人惊叹。他并不满足于继续开拓中国市场,还要布局北美市场。这事要是放在常人身上,难以让人理解。但是许少武这么做,一定事出有因,这让听者想要一探究竟。

原来,许少武布局北美市场的初衷依然是打造质优价美的鳗鱼品牌。他讲述了自己布局北美想法背后的两个考虑。

一方面,通过在中国市场的实际运营,许少武发现中国市场的价格战很激烈,而他自己一心做好鳗,始终将鳗鱼制品的品质、安全卫生等放在第一位,和之鳗的鳗鱼从原料选材、鳗鱼加工、酱料配比到包装出品等环节,都以出口日本的标准进行品控管理。因此,和之鳗的鳗鱼制品的成本要比市场上普通鳗鱼高。在鳗鱼业内,如果一个企业每年鳗鱼的出口量达到1 000吨以上,无论在养殖户,还是在采购商、日料店,都会有一定的话语权。许少武希望通过建立北美市场渠道,扩大市场规模,进一步降低成本,打造名副其实、质优价美的好产品,希望更多的国人能够吃上好鳗鱼,只有这样,鳗鱼才能真正进入大众市场。

另一方面,由于许少武已经拥有将鳗鱼制品出口日本的经验,出口的一系列流程和环节了然于心,且已取得日本出口所需的检验检疫证书。因此,对许少武来说,将鳗鱼卖到日本和卖到北美等地区没有本质区别,而且美国也是中国一个重要的鳗鱼出口国。如果能建立出口北美的渠道,和之鳗将又增加了一个国际业务渠道,其品牌影响力也会随之增加,这将为中国的业务发展起到更积极的推动作用。

这正是许少武布局北美市场的真正原因,他认为,这样才能把中国的鳗鱼做成他想要的样子。

第五节　解密——许少武的新发型

为了集中精力做好鳗鱼,许少武进行了企业架构的大调整,正如他的新发型。

谈话间,许少武的新发型又一次回到了我们的视线。

"许总,打理国内的市场是不是很费精力呢?"

"不省心啊,你看,我现在连打理发型的时间都省了。"许少武说道。

原来,就在许少武大举开拓中国鳗鱼市场时,他发现原来的企业架构过于繁杂(见图1-5-6),严重拉低和之鳗的前行速度,于是痛下决心,对公司架构做了大幅调整。

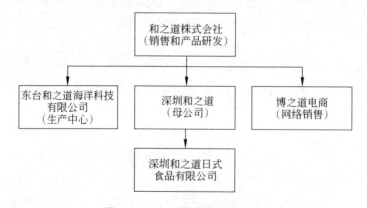

图1-5-6　和之鳗原有企业架构

许少武认为,推动中国市场业务占据了自己很多的精力,因此要对企业进行优化调整,使之更符合和之鳗在中国市场的发展。

- 和之道株式会社:和之鳗在日本的公司,集合了销售和产品研发业务。
- 东台和之道海洋科技有限公司:主要管理鳗鱼养殖生产业务。
- 深圳和之道:和之鳗的母公司,其他公司是在此基础上搭建而成。
- 博之道电商:公司的电商平台。
- 深圳和之道日式食品有限公司:主营鳗鱼制品业务。

许少武表示,调整后的模式更适合中国的业务发展。新调整后的业务模式中(见图1-5-7),日本和之道主要是向B端贸易,深圳和之道主要是面向日料店,辅助销售配套的食材,这样更有利集中精力和资源,将重心放在和之鳗品牌的建设上,更有利于围绕消费者需求开展业务。

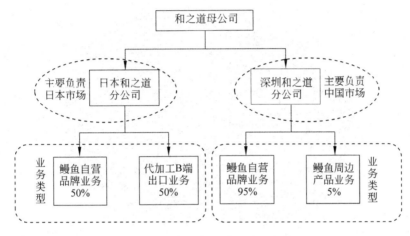

图 1-5-7　和之鳗调整后企业架构

商业中有句格言:"唯一的不变就是变化。"许少武和他的和之鳗,处在一个瞬息万变的环境中。你永远不知道下一个奇点会在哪里出现,也永远不可能预料到前方哪一个路口会出现黑天鹅,唯一可以知道的是,许少武和他的和之鳗,也在一直变化着。正是这种变化,赋予和之鳗无限生机与活力。

第六节　疫情大考——和之鳗用新媒体提高业绩

突来的疫情让和之鳗的日料渠道受到重创,许少武利用新媒体,快速调整公司的销售渠道,积极尝试新产品,公司业务又一次恢复生机。然而,未来的不确定性,始终存在。

2020年春节,本该是举国上下欢天喜地、辞旧迎新、共庆佳节之际,新型冠状病毒却如同恶魔般出现。疫情传播迅速,蔓延势头凶猛,一时间,大江南北弥漫着压抑和恐怖的气息。人们为了减少被传染的风险,选择居家办公并减少出门。全国餐饮店几近全部关停,占据和之鳗95%销售渠道的日料店也在劫难逃。许少武和他的和之鳗,面临巨大挑战。

"当上帝关了这扇门，一定会为你打开另一扇门。"西方的这句俗语，在许少武的世界观里，应该这样理解："当上帝关上了这扇门，我一定会想办法找到另一扇门。"当人们都在期盼疫情的阴霾早些散去之时，许少武并没有停止他前行的步伐，不出一个月，许少武用他的智慧找到了那扇神奇之门。

有一天，许少武发现，自己的微信朋友圈里渐渐多了美食照片，居家的朋友们纷纷变身为厨房大咖。原来，人们对于健康美味的追求并未因疫情而停止。他眼前一亮，和之鳗不正是可以在家简单加工的美食吗？

许少武很快启动了抖音、公众号的营销活动。和之鳗通过直播，教授粉丝制作鳗鱼饭，尝试用鳗鱼做中餐，为那些宅家的人们提供了一道道精美的鳗鱼料理（见图1-5-8）。短短数天，抖音上的粉丝量就突破了一万，这给他带来了2020年春节的第一个惊喜。

图1-5-8　和之鳗在中餐的探索

原来，只要有价值，就不会被市场冷落。和之鳗在疫情后的快速调整在业内被视为典范，为此，许少武还受邀参加了《经济半小时》栏目的专访，在访谈中，他讲述了和之鳗在疫情后的困难和调整，快速学习运用新媒体渠道，化解了所面临的困局。

"这条鱼，真的是很神奇！"

"我一心要把鳗鱼做好！"

这是许少武常说的两句话。在他的言语间，透露出对鳗鱼的热爱与执着。

许少武通过三年的时间，从一个外行变成鳗鱼行业的业内专家。他历经了各种各样的曲折经历，在一次又一次的困境中前行。梅花香自苦寒来，许少武的鳗鱼事业正在一步一步向前迈进。

喧嚣之外，依然会有深深的困惑不时出现在许少武的脑海中。

"疫情后，日料店市场要多久才能够真正恢复？"

"居家的人们开始尝试网购鳗鱼制品了。他们，会不会成为和之鳗的'铁粉'？"

"现有产品真的足够方便吗？"

"鳗鱼中餐化会有前景吗？"

案例五　大洋深处的软黄金——和之鳗的蓝海战略

　　疫情，宛若一场大考，加速了市场的优胜劣汰，而交卷时间无限期延长。和之鳗在这场考试中最终成绩如何？日本、北美、中国三个市场怎样排序和平衡？各市场中的产品形态如何调整？品牌如何提升？许少武会继续探索，回答一个又一个的问题。

启发思考题

　　1. 许少武为什么认为中国鳗鱼市场是"蓝海市场"？创业初期和之鳗的蓝海战略是什么？

　　2. 和之鳗在日本市场困难是什么？如何应用超越现有需求原则寻求解决之道？

　　3. 和之鳗如何通过布局北美市场实现价值创新？

　　4. 和之鳗在执行蓝海战略时，遇到关键的组织障碍是什么？解决方案是什么？

　　5. 你认为，新冠疫情对和之鳗而言是机遇还是挑战？

拓展阅读　和之鳗企业产品图片　　　　　拓展阅读　和之鳗企业生产线与相关认证

案例六

猪联网

——当"养猪"遇上"互联网创新"

摘　要： 本案例以北京农信互联科技集团有限公司为主体，描述猪联网平台从无到有，从小到大发展的过程。北京农信互联科技集团是国内致力于养猪业平台化实践最早的企业。为解决养猪行业存在的管理水平落后、交易效率低和融资难等问题，公司创建了生猪产业链大数据平台——猪联网。目前，核心业务"猪联网"已发展到第四代。作为创新型互联网公司，在瞬息万变的信息时代，企业面临的外部环境不断变化，行业竞争愈发激烈。本案例旨在帮助学生学习和分析创业企业依靠自身资源和优势，明确战略定位，打造核心竞争力进而形成战略竞争优势的逻辑过程。

关键词： 互联网+、猪、竞争战略、核心竞争力

北京农信互联科技集团有限公司（以下简称农信互联）是一家服务于农业的互联网公司。公司成立于2015年2月8日，以"用互联网改变农业"为使命，专注于农业互联网生态圈建设，致力成为最具影响力的农业数据化平台。2015年5月，农信互联"猪联网"正式发布，旨在解决养猪行业存在的管理水平落后、交易效率低和融资难等问题，助推养猪产业转型升级。2015年末，"猪联网"平台上活跃的生猪超过1 600万头。农信互联以猪管理、猪交易数据为基础，形成以猪为核心的产业链服务体系，包括猪场信息化管理、生猪产业链投入品交易和生猪线上交易，以及产业链金融服务。通过这三个模块，把饲料厂等投入品厂家、养猪场、中间商、屠宰企业等相关的企业连接起来，形成了以猪场为中心，服务养猪产业链的生态运营闭环。

2018年6月，"猪联网"已发展成为国内最大的生猪服务平台，农信商城累计交易额突破1 000亿元。通过平台沉淀的从养殖到交易的大数据，辅以线下业务员掌握的征信信息，农信互联还发展了场景化的互联网金融服务。目前，公司通过SaaS+AIOT服务、交易服务、金融服务均能获得收益，并且在2018年和2019年连续两年实现盈利。看到此番景象，公司创始人薛素文感到很欣慰，阶段性目标已顺利实现，生猪产业链生态运营大数据平台已取得初步成功。但天有不测风云，2018年8月，非洲猪瘟来了。来势汹汹的非洲猪瘟，给整个养猪行业笼罩上一层阴影。"城门失火，殃及池鱼"，农信互联难以独善其身。面对猪瘟疫情，农信互联不会作壁上观，唯有积极应对，及时调整战略，

同养殖企业客户共渡难关,才能使本企业长久地立于不败之地,获得可持续发展!

第一节 创始人背景

创始人及控股股东薛素文,现任农信互联董事长、总裁(见图1-6-1)。薛素文1996年加入大北农集团,历任财务经理、财务总监、信息总监、常务副总裁、董事等职。在近20年的职业生涯中,处在公司管理层的他,几乎经历了大北农发展的整个过程:从艰难的初创期,到高速发展的成长期,再到发展瓶颈的徘徊期,最后到转型升级的再发展期。薛素文从公司会计员一步步做起,逐步进入管理层,直至总裁职位。与大北农共同成长的经历,历练并塑造了他做事执着认真和坚持梦想的精神。

图1-6-1 农信互联创始人薛素文在2019年中国畜牧业协会上发言

薛素文曾主导开发大北农集团第一代信息化产品——供产销系统,由此大北农集团采购、生产、销售过程的信息化管理水平得到显著提升。2003年,薛素文组织筹建大北农集团信息化部,开发出了企业协同业务及办公管理系统。随后,在他的带领下,大北农集团于2010年开发并推广"客服网1.0",实现了线上交易结算。由此,大北农集团成为农牧行业中最早实施O2O改造的企业,也是最早尝试互联网金融模式服务"三农"客户的公司之一。薛素文获得的殊荣不胜枚举,如中国信息化十大杰出CIO、2010年度中国十大优秀CFO、2013中国杰出CFO年度人物、2014中国畜牧行业年度十大经济人物等。

第二节 从大北农到猪联网

一、"猪联网"前传

农信互联公司前身为北京农博数码科技有限公司,是大北农集团旗下的子公司。大北农集团的主营业务是饲料。2012—2013年,饲料行业市场发生变化:受养殖业周期性低迷影响，饲料需求逐渐降低。养猪产业集中度逐渐提高，小规模养殖场逐渐被淘汰，而大中型养殖场多采用自配饲料，对外购饲料的需求逐年下滑。为解决公司可持续发展的问题，大北农在2013年提出"智慧大北农"战略。

"智慧大北农"战略中，一个重要模块是信息化，这项工作正是由薛素文负责。他带领团队建立大北农集团供产销系统，使采购、生产、销售过程的信息化管理水平得到显著提升。在从无到有的信息化过程中，薛素文积累了丰富的企业信息化管理的经验。

借着这波信息化的东风，薛素文把目光瞄向大北农的终端客户——养猪场，开发出"猪管网"信息化系统。对客户来说，猪管网是个猪场管理软件，它通过信息化的手段把猪场管理的各环节整合起来，解决了管理信息不对称的问题，提高了养殖效率。对大北农来说，它是个饲料销售及服务体系，服务终端客户的同时，大北农的饲料、兽药等投入品可以顺利地渗透下去，扩大大北农的主营业务。

二、"猪联网"浮出水面

2015年，随着"互联网+"概念的兴起，众多畜牧企业以"互联网+"为契机，从猪场管理、电子商务、产业金融等多个角度切入生猪养殖产业。薛素文也有自己的想法，他要做生猪产业链的数字化平台。缘起数字化时代下"平台经济"开始崛起，世界上最强大的企业中很多是平台型企业。面向消费者平台的基本格局已定，但面向企业的产业平台仍是空白，还大有作为。

薛素文深知做平台的前提是产业体量要足够大，否则平台就没有生存空间。为了服务更多养猪行业的客户，顾及部分客户（大北农的竞争对手）对信息安全的关切，就需要"去大北农化"的操作，以打消这些客户的疑虑。于是，薛素文大胆提出把"猪管网"这一业务从大北农集团独立出来，专注养猪产业链生态平台的发展。2015年2月，农信互联正式成立了。

公司成立后，农信互联推出"猪联网"，即将原有的一个个单机版的"猪管网"通过互联网连接起来，生成了一定规模的养猪产业数据、流量。公司在引来流量的基础上，推出"猪交易"平台。交易的产品，不仅包括活体生猪，还包括各种养猪业生产资料。2016年初，农信互联正式运营"国家生猪市场"。农信互联通过"猪联网"，逐步为养殖户提供猪场管理、投入品采购、生猪销售、产业金融，以及猪病在线诊断和价格行情等产业综合服务。

三、农信互联之创业难

任何新鲜事物从产生到被接受，总要经历一个过程。"猪联网"这个新鲜事物也不例外。由于当时我国农牧业发展整体水平较为落后，农业从业人员受教育程度相对不高，对新鲜事物的接受能力较弱。因此，将猪联网向养猪户推广成为一个巨大挑战。

起初，农信互联的业务员去给养殖户介绍猪联网系统时，客户常问："这么好的软件真的不要钱吗？"言外之意，天上不会掉馅饼，掉了馅饼一定是陷阱。"猪联网"这个新鲜事物是饱受质疑的，甚至为猪场提供投入品服务的同行，都认为农信互联只是个骗人的空壳。业务员由此常被当成骗子而被拒之门外。

2016年,农信互联重点推"猪交易"业务时,也遇到同样的问题。业务员奔走在猪场和贸易商之间,去给客户介绍国家生猪市场。由于猪交易平台需要绑定银行卡,90%的客户反应是:"你们是骗子吧,要银行卡干吗?我们是不会相信的。"业务员经常是连续几个月没有一单业务,心里的委屈和彷徨极大地挫败了他们的工作热情。

在创业的路上,有人选择了离开,也有人依然坚守。看到业务推广一筹莫展,薛素文深入到基层,了解地推人员的困难和想法。其中滋味,五味杂陈。在沟通过程中,薛素文一遍遍告诉自己:"不能就这么服输!"后来,农信互联成立了"综合服务部",专门给基层推广人员做思想工作。"综合服务人员"组织了一系列的沟通和团建工作,给公司上下级提供了良好的沟通机会,形成了农信互联的铁军精神,团队氛围也得到了极大改善。公司员工最流行的一句话是:"一群人,一件事,一生一世,一起疯狂,一起浪漫。"

薛素文后来回忆说:"人才是公司核心的竞争力,我们做农业的都是有情怀的。但是做业务推广,光有情怀还不行,还要从客户的角度去思考。没有为用户创造价值,客户就不会选择你的产品。所以要先把用户服务好,而服务好客户的核心是围绕客户的痛点来做服务。为此,农信互联成立了农信研究院,专门研究养猪行业的痛点问题,结合农信互联自身资源和能力优势,针对性地为客户提出解决方案。"

第三节　布局养猪生态产业链

一、行业痛点

我国是世界上最大的猪肉生产和消费国。规模化养殖是养猪业发展的方向。2009年以来,大型养猪企业在养猪业中的比重逐年上升,但其在整个养猪规模结构中的比重依然不高,中小规模猪场(年出栏500头以下)仍是中国养猪业的主力军(见图1-6-2)。

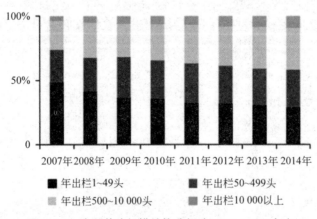

图1-6-2　我国养猪规模结构分析(2007—2014年)

数据来源:中国畜牧兽医年鉴。

2007—2016年，年出栏量在500头以下的养殖户出栏量占比由78%降至45%，年出栏10 000头以上的养殖企业出栏量占比由4%增至16%。

中小规模的猪场，多基于传统的农业生产模式进行生产，养猪业的产业化水平与国际同行相差甚远。主要体现在：

（1）生产效率低下。在养猪行业，PSY是衡量生猪养殖水平的主要指标（PSY即每头母猪年产的断奶仔猪数），我国养猪业的PSY平均水平是16~17，而西方发达国家如丹麦、荷兰等国可以达到28~35，差距之大显而易见。

（2）猪周期影响严重。猪周期，即生猪价格周期性波动。国际市场也有猪周期，但我国的猪周期对养殖户的影响更大，体现在猪价波动更剧烈、持续时间更长。养殖户时常面临"一年赚、一年平、一年赔"的局面。

（3）金融服务缺失。养猪业属于重资产投入的行业，对贷款、保险等金融服务依赖性更强。但在传统金融企业看来，"家缠万贯，带毛不算"。由于养殖户缺乏抵押物，金融机构对养殖户缺乏可靠的信用评估机制；养殖户难以得到相应的金融服务和支持，养猪产业很难有机会良性发展。

关于行业痛点，薛素文也有自己的看法，他说："对于规模养猪企业来说，痛点在于生产效率提升。比方说，对于只养两三百头猪的养殖户，请一个帮工就可以解决问题，这类小型农场不需要太多的管理。而对于上万头猪的养殖企业来说，就需要流程化、规范化、信息化、智能化的管理逻辑（见图1-6-3）。在这方面，国内现在进步很快，但跟欧美发达国家比起来，还有一定的差距。

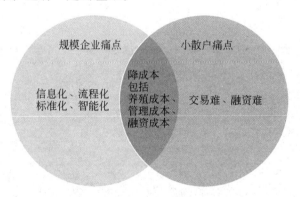

图1-6-3　规模企业和小散户痛点对比

"对于'小散户'来说痛点包括两方面：一是猪养出来不好卖，或者卖不上好价钱；二是缺少资金，做不大。很多人认为养猪是劳动密集型产业，但我认为养猪是资金密集型产业。随着技术的升级，智能化水平的提高，劳动密集型的特性会愈发不显著。现在，我们接触的中型规模猪场比较多。

"年出栏4 000头以上规模的猪场，面临的是管理效率提升问题；年出栏4 000头以下的猪场，面对的则是资金和卖猪问题。规模企业和小散户都面临一个共同的问题——只有降低养猪成本，才能在市场中存活下来。养猪成本包括养殖成本、管理成本与资金成本。这三个方面的降幅空间还很大，就拿资金成本来说，中小规模养殖成本中，包括很大一部分的隐性成本，可将它认定为金融成本。比如小散户由于缺乏资金，就需要赊销饲料，这时饮料价格就会提高，或者该给的折扣就没有了，而大型企业规模采购，可能会拿到更低的折扣。所以说小散户面临的是金融成本的问题。"

二、农信互联解决方案

针对养猪业存在的以上痛点，"猪联网"给出了相应的解决方案，形成了猪管理、猪交易、猪金融和猪服务四位一体的"猪联网"平台体系（见表1-6-1）。

表1-6-1　养猪行业痛点 vs 猪联网解决方案

养猪行业痛点	"猪联网"解决方案
养殖效率低、成本高、管理水平落后	猪管理：智能化养猪 SaaS+AIOT 平台
买料难、卖猪难	猪交易：畜牧市场和国家生猪市场
贷款难、抗风险能力弱	猪金融：贷款、保险、融资租赁、保理、理财、结算等金融服务
人才短缺	猪服务："农信运营中心＋农信小站"一站式到场服务

1. 猪管理

猪管理，用信息化和智能化的方式解决猪场和企业管理效率问题。农信互联通过物联网、云计算、大数据和人工智能等技术，为养殖户打造集采购、生产、疫病防控、销售、财务管理和日常管理为一体的猪管理 SaaS 平台（见图1-6-4）。然后通过平台积累的大数据打通整个养猪生态链。

图1-6-4　猪场管理游戏化界面

智能养猪平台的核心职能是猪场管理，具体来说，就是将养猪的饲养技术、操作流程这些工作标准化、数据化并加以智能控制。单头猪日常的进食量由智能管理系统控制（见图1-6-5），可以根据生猪的不同生长期和生产性能对猪进行定时、定量喂养。系统有 APP 版，可以给饲养员安排每天的任务，并即时提醒饲养员去处理。另外，基于猪场采集到数据的分析，系统可以及时发现群体中的个体问题，通过精细化管理，将人为管理失策造成的损失最小化，进而提升效益。母猪群体的管理就是一个最好的例证，系统可以实现精细管理母猪的孕育生产周期，提高猪场 PSY 水平。例如，母猪该怀孕的时候，需要人为干预——系统就可以自动提醒相关人员，避免错过这个周期；母猪生完猪崽后，需要精确饲养才能保证它奶水充足——系统可以实施精细的饲喂；该断奶时，系统可以及时提醒人员进行干预，以免影响母猪的下一个生产周期……猪管理系统，让生猪养殖越来越科学。

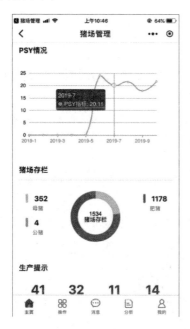 

图 1-6-5 猪场管理系统手机 APP 界面

总的来说，在过去依靠饲养员经验来预测判断的事情，随着规模生产到来，变得越来越难，迫切需要信息化、智能化的系统来辅助。职能农信互联帮助猪场客户实现了这一需求。智能管理系统的应用不仅可以节省劳动力，还可以减少饲料浪费，提高饲料转化率，更能减少人为主观判断失误。养殖户尝到了甜头，提高了生产效率，自然而然就接受了这套信息化管理系统。

2. 猪交易

针对养殖户"买料难、卖猪难"的情况，农信互联公司推出线上交易平台，致力于通过互联网的方式解决交易难的问题。它包括"畜牧市场"和"国家生猪市场"两个部分。

（1）"畜牧市场"汇聚了饲料、动保、设备等多种商品，为养殖户提供一站式采购服务。养殖户在线上下单，相关商品由线下经销商配送至猪场客户手中。

（2）"国家生猪市场"是线上交易平台，以直采模式与区域市场模式进行活体生猪、仔猪和种猪的交易，使生猪交易标准化、简单化、透明化、在线化。目前，"国家生猪市场"是国内唯一一个农业农村部授予的国家级生猪交易平台。

解决了交易问题，下一步就是物流。2016年底，农信互联获得了由交通部颁发的"无车承运人"牌照，推出农信货联（即货运版的"滴滴打车"）。农信互联借助于生猪交易大数据，精准匹配了生猪物流产业中"人、车、货"三方的需求，提高了生猪产业的物流效率，降低了成本。

农信互联在积累大量生猪交易数据的基础上，加以分析，从而预测生猪价格和市场周期。这些信息可以在很大程度上降低养猪周期对养殖户的影响，同时也可以作为政府部门农业决策的科学依据。

3. 猪金融

中小企业贷款难一直是历史难题。考虑到畜牧业疫情的因素，缺乏抵押物担保，融资对于中小型猪场来说尤为困难。农信互联依托自身的金融资质及通过平台获得的大数据，建立新型征信机制，扩大金融服务的覆盖范围，进而联合银行、保险公司、基金公司、担保公司、第三方支付公司等众多金融机构，为农业客户提供征信、贷款、融资租赁、保险、保理、理财、支付等综合金融服务。

金融服务是农信互联的特色服务。在互联网金融的激烈竞争中，农信互联的基于猪场管理的场景金融存在以下优势。

（1）申请贷款程序简单，如果用户经常在农信互联上面买猪、卖猪、管猪的话，不需要更多的企业信息，也不用抵押，就可以获得一定的额度。

（2）当天就可以拿得到贷款，几乎是"秒贷"。

（3）借款方随贷随还，还可以大额结算，不用跑银行。

当然，这是建立在农信互联的风险控制逻辑之上的。农信互联基于大数据技术建立的农信资信模型，为产业链上的经营主体提供专项贷款，如养殖贷、经销贷和收购贷等。由此形成的较强的信贷风险控制力，是公司的核心竞争力。

4. 猪服务

农信互联提出"新中间化"概念，依托"猪联网"平台将传统经销商升级为农信互联的基层县级运营中心，构建了以农户为中心的一站式的全品类标准化线下服务网络，形成了线上线下相互融合的农牧行业"新营销"服务体系。薛素文认为公司应以"平台经济"为契机，着力打造猪联网平台，聚合孤岛式的产品和服务，并吸引各种资源的加入，构建"互联共赢"的生态模式。

三、商业模式

农信互联是以"数据""交易""金融"三大业务为核心的农业互联网平台型企业，公司秉承"用互联网改变农业"的使命，深耕农牧业，致力于"创建最具影响力的农业数据化平台"。猪联网平台由"猪管理""猪交易""猪金融"三大模块搭建而成，以

SaaS 为切入点，做数据引流，发展交易业务，提供场景金融服务，开拓了以"数据""交易""金融"为核心的垂直一体化的农业互联网平台商业模式。

通过猪管理平台客户的积累，可以给农信互联公司带来流量。在引来流量的基础上，可以衍生其他业务，如自营商品业务和平台入驻服务、交易中间服务，甚至金融服务等，这就是整合整个产业生态链带来的商业价值。目前，农信互联的收益来源主要有三个，第一个是来自于 SaaS 的猪场管理类产品收入；第二个是平台的交易收入，包括向平台入驻商家收取服务费和经营自营商品带来的收益，生猪交易以及"爱迪猪"（ID-Pig）的交易收益；第三个是当养殖户买猪或养猪需要资金或保险时，农信互联通过提供一系列的金融服务获得的相应收益。

"猪联网"三大平台以"农信网"为传统互联网总接入口，以"智农通"APP 为移动终端总接入口，汇集了信息流、资金流和物流，构建了生猪产业生态链，解决了行业痛点，提升了行业效率。

第四节　农信互联的业务演进

农信互联立足养猪产业生态链，适逢"互联网+"概念在国内兴起。行业内部，众多畜牧企业纷纷以"互联网+"为平台，从猪场管理、云服务、产业金融等多个角度切入生猪养殖产业。农信互联面临的竞争者有很多，如新希望集团的"福达计划"和"希望金融"、安佑集团"安佑云"、雏鹰农牧的"新融农牧"等。行业外部，有互联网巨头搅局，如阿里巴巴、京东和网易在"智能养猪"领域布局。在激烈的竞争环境中生存，首先要清楚地认识到自己是谁。薛素文给公司的定位是：农信互联不是养猪企业，而是互联网平台型公司。互联网平台型公司，构建产业生态的先发优势很重要。若猪联网平台连接的单元达到一定数量，平台积累的大数据以及用户的高转换成本将成为难以逾越的壁垒。公司本质是服务于养猪产业，服务于养猪企业及其产业上下游，甚至还服务于非农牧企业（如物流公司、金融机构等）。农信互联由此确立了"用互联网改变农业"的使命，和成为"最具影响力的农业数据化平台"的愿景。

农信互联以规模猪场作为其核心客户，用 SaaS 服务模式，整合信息化、大数据、物联网及人工智能的力量，融合企业管理、生猪养殖及疫病防治等技术，共同提升猪场经营效率。2015—2019 年，在"猪管理"的基础上，农信互联利用服务猪场积累的大数据，通过互联网的方式，逐步打造了猪金融、猪交易、农信货联、畜牧市场、农信小站、饲企网等支柱业务（见图 1-6-6），形成了围绕生猪产业的生态系统，包括猪场投入品集采、活体生猪销售、产业链金融、线下一站式服务等、为公司带来了巨大发展空间。

一路走来，农信互联稳扎稳打。从发布"猪联网"到建设国家级生猪交易市场，又到发布"企联网"平台框架，农信互联的主要业务节节开花。短短两年时间，"猪联网"管理生猪头数已突破 2 000 万元，农信商城累积交易额突破 500 亿元。截至 2019 年底，"猪联网"平台已汇集 5 万多个中等规模以上的猪场。管理平台已然成为国内覆盖生猪头数最多的"互联网+"养猪服务平台。在 2018 年 9 月，公司以 70 亿元估值完成了 B

轮融资，得到业内外投资者的认可（见表1-6-2）。

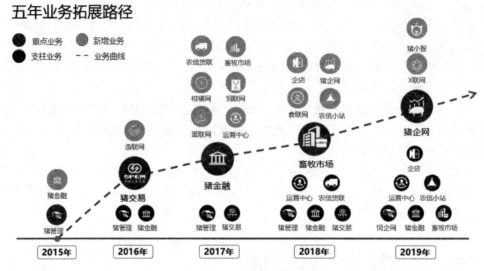

图1-6-6 农信互联业务拓展路径

表1-6-2 农信互联公司大事记

时间	事件
2015年2月8日	农信互联揭牌成立
2015年5月17日	"猪联网"正式发布，助推养猪产业转型升级
2015年9月14日	十九届中央政治局常委、十三届全国政协主席汪洋，农业农村部部长韩长赋（时任），北京市市长王安顺（时任）等领导一行莅临农信互联
2015年12月22日	出资设立重庆农信生猪交易有限公司，建设国家级生猪交易市场
2016年1月26日	成立18大区域事业部，农信业务正式向全国展开
2016年5月4日	农信互联正式改制，实际控制人变更为薛素文，首期82名员工成为公司创业持股合伙人
2016年4月23日	"企联网"平台框架及系列产品发布
2017年5月15日	猪联网管理生猪头数首次突破2 000万头
2017年5月19日	生猪市场（交易）价格指数正式发布
2017年5月27日	农信商城累计交易额突破500亿元
2017年6月29日	农信互联以30亿元估值引入五位战略投资者
2017年9月15日	"生猪价格保险"正式发布
2018年5月18日	"猪联网3-AI养猪"发布，开启行业探索智能化养猪新模式
2018年6月8日	农信商城累计交易额突破1 000亿元
2018年9月14日	以投前70亿元估值完成B轮融资
2019年5月5日	成立厦门农芯公司，正式进入农业物联网及人工智能领域
2019年5月17日	农信猪友节暨"智能防非"高峰论坛，提出三大体系、两大模式的解决方案，并发布猪小智系列产品

面对行业竞争环境，薛素文坚信打铁还得自身硬，尽管农信互联已是行业的领跑者，

但他要求团队不断创新,把农信互联的服务做得更加完善,更系统化,让其他平台或者模仿者不能超越。然而,2018年非洲猪瘟的到来,给公司带来新的不确定性。

第五节　突如其来的非洲猪瘟

一、非洲猪瘟来了

2018年8月3日,中国首例非洲猪瘟在沈阳确诊,之后传播至全国31个省(直辖市、自治区)。非洲猪瘟疫情传播之快、范围之广,极大冲击了养猪产业链。对疫情区生猪的封锁、捕杀行动,直接导致养殖规模急剧缩减。为了防止疫情的传播和扩散,农业农村部加强了生猪调运的控制,要求暂停生猪跨省调运,并暂停了所有的生猪交易市场,这使得各地生猪不得不就地屠宰,通过冷链物流运输至销售市场。

受非洲猪瘟影响,我国生猪存栏量明显下降。据我农业农村部的数据,全国生猪存栏数量由2018年12月的32 852.3万头,下降至2019年6月的25 560.9万头(见图1-6-7)。

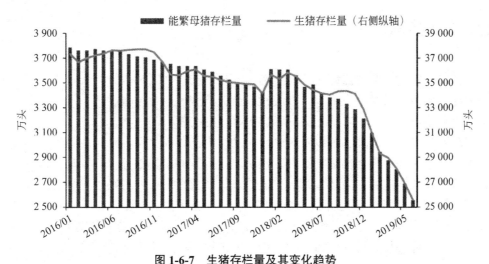

图1-6-7　生猪存栏量及其变化趋势

数据来源:农业农村部。

二、对猪联网业务的冲击

由于农信互联加大了猪联网的推广力度,在2018年非洲猪瘟爆发的不利因素下,平台活跃母猪数量依然实现了稳定增长。但进入2019年,非洲猪瘟对我国生猪产能的影响逐渐显现,猪联网平台活跃母猪数量呈现连续下滑的态势(见图1-6-8)。

非洲猪瘟对农信互联"猪联网"业务影响:(1)大量猪场被迫关停,将直接影响到"猪联网"的市场规模和信贷规模;(2)这么多中小猪场受疫情影响,产生了严重亏损,

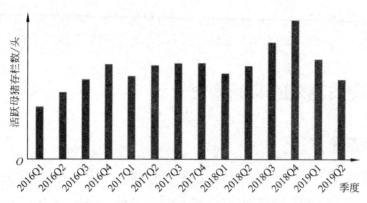

图 1-6-8　猪联网活跃母猪存栏季度走势

注：由于涉及保密数据，此图仅表达存栏数量变化趋势。

导致农场主没有信心追加投资；（3）国内生猪跨省调运的禁令，由此导致国家生猪市场日均交易量下滑（但鉴于猪价上涨，交易额影响较小），同时冷链运输也给"农信货联"提出了更高的要求。

第六节　结语

过去的一年中，非洲猪瘟对"互联网＋养猪"的负面影响很大。表现为生猪产能的大幅下降，生猪交易量相应骤减，围绕猪场产业的服务业业绩也随之下滑。非洲猪瘟加速了中小型猪场的退出，农信互联的客户也有一定的流失。

但随着疫情影响的缓和，以及国家政策的大力扶持，大型养猪企业纷纷着手恢复产能。这些新建猪场势必会在猪场管理、疫情防治等方面严格把控，并推动养猪业向集约化、信息化和智能化的方向转型升级，这给农信互联带来重大利好。

非洲猪瘟，是机会还是挑战？2019年底，农信互联的年度会议上，企业内部出现了分歧。管理层分为两派，一派建议农信互联进行转型，在猪联网的基础上向牛、羊、鱼、鸡蛋等其他品种进行拓展，而另一派认为这是生猪养殖产业更新迭代的大好时机。

启发思考题

1. 您认为"猪联网"模式解决了传统养猪行业的哪些痛点？
2. 农信互联是如何利用自身资源布局实施平台战略的？
3. 农信互联的核心竞争力是什么？
4. 面对非洲猪瘟，您认为农信互联该如何应对？

案例七

"立足高效灌溉，打造智慧农业"

——华维节水的战略选择

摘　要： 本案例以上海华维节水灌溉股份有限公司中标"一带一路"1.38亿元设施农业项目为切入点，以华维节水成立17年来的发展历程为时间线，以企业生命周期为基本理论，分析创业型企业在不同时间阶段下的面临的不同问题以及应采取的战略策略。首先介绍创始人背景和创业动机，引导学生分析企业行业选择的原则；然后通过描述企业创始初期对订单开发和客户维护的情节线，引导学生分析企业初创期面临的难点和战略选择；随后描述企业由委托代理模式转向自主生产、自主研发的动因和历程，引导学生分析企业成长期面临的问题和解决方案；最后通过分析企业所处行业的竞争形势，结合上海华维节水自身能力和资源，启发学习者思考企业下一步发展的战略方向。

关键词： 战略选择、智慧农业、高效灌溉、华维节水

　　金秋十月，上海的天空万里无云，一辆辆集装箱货车满载智慧灌溉系统设备，从金山区亭林镇南亭公路5859号出发，目的地是地球遥远的另一端——埃及开罗。华维节水董事吕名礼目送集装箱货车离开，眼前已经绘出一幅美好的图景：在埃及茫茫的沙漠中，一座座温室大棚拔地而起，青菜、辣椒等各种农作物在其中蓬勃生长，对于当地居民来说，吃到便宜又新鲜蔬菜的愿望将会实现……

　　这一切都源于两个多月前的一天，2017年7月7日，上海华维节水灌溉股份有限公司（以下简称华维节水）凭借高质量产品体系和优秀系统性服务能力从众多竞标者中脱颖而出，成功中标由国机重工集团总承包的埃及现代设施农业项目的智慧灌溉设备供应标段，并于7月17日正式签署合同。该单体项目价值1.38亿元，涉及数万亩温室内全套智慧灌溉系统，整体项目在8个月内完成。

　　世界最大智慧灌溉项目花落华维节水，吕名礼心中感慨万千：17年来，华维节水专注于高质量节水灌溉产品生产、创新研发和专业化服务，致力于打造"属于中国的世界智慧灌溉品牌"。成功中标这一项目，是对华维节水产品品质和综合竞争实力的极大肯定。如今，借着"一带一路"大背景，华维节水成功迈出了将中国智慧灌溉设备推向埃及乃至世界主要市场的坚实一步。

上海华维节水，如何从17年前一间小小的办公室，一步步成长为中国节水灌溉知名企业，成为节水灌溉行业中的佼佼者？

第一节　几经波折，何去何从（2001年以前）

华维节水创始人吕名礼生于农村，在农村长大，从小跟着姥爷在湖南农村种地。面对农作物不需要水时发洪水，需要水时常常遭遇干旱的困境却无能为力。这种经历让吕名礼深深体会到几千年来农民靠天吃饭，旱涝不保收的痛处。

1994年，吕名礼考取了中国农业大学农田与水利专业，在四年专业课程的学习过程中，吕名礼了解到以色列这样的国家存在发达的节水灌溉技术（见图1-7-1），也意识到原来旱涝不保收的农业现状可以通过科学的手段和技术改变。

图1-7-1　传统大水漫灌方式（图左）和现代节水灌溉方式（图右）对比

1998年吕名礼毕业，在考虑未来就业时，首先尝试了考取公务员，然而中央和地方对口政府部门当年人员缩减，未招聘一个应届生，吕名礼自觉并不适合在政府工作。不忘扎根于农业，解决水利"最后一公里"问题的初心，使得吕名礼未像周围很多同学那样投身于三峡、葛洲坝这样的大水利工程。几番辗转，吕名礼进入到上海一家在当时首屈一指的合资灌溉企业，成为一名工程设计师。本以为找到了事业的归属，可以在自己喜欢并擅长的领域伸展拳脚，施展抱负，未料到老板只是将这家企业当成来大陆的投机、赚钱的工具。该老板欺骗了政府、银行及手下员工，短短两三年时间，掏空公司钱财独自逃走了。

企业倒闭后，吕名礼陷入了失业的窘境，对自己事业才刚刚起步却横遭夭折而感到莫大的失落。在以工业和服务业为主的上海，并没有与农田水利相关的工作。上海原本仅有的一家灌溉公司也撤出了。颠沛流离几个月，吕名礼已穷得叮当响，为了在大上海生存，不得不思索着另谋出路。在农大文学社担任社长的经历和能力让吕名礼很快被一家杂志社聘用，做起了编辑。他在工作中终于使用上了电脑，工资也从每月800元一下子涨到了1800元。然而，2000年年底，吕名礼一个人坐在食堂，默默地反思自己：他对自己的文学水平如何，心里是有数的。文学只能算爱好和眼下的工作，长久来看不适合作为事业,专业终究不能丢掉。想清楚之后,一过完年吕名礼就毅然决然将编辑的工作辞掉,只身一人创立了上海华维节水灌溉有限公司。

第二节　点滴积累,终遇契机(2001—2006年)

　　刚成立的企业如同一个新生的婴儿,十分弱小,各方面都需要快速成长。"如何让华维节水健康有力地成长起来呢?"自创业起,吕名礼就一直思索着。

　　2001年,公司成立没多久的某一天,吕名礼一个亲戚到华维节水做客,落下了一本书,那是一本叫 Front Page 的网页制作编程语言教材。吕名礼拾到这本书,顿时对其产生了兴趣,每天一下班就钻进屋子一边学习一边琢磨着自己建网页。他以前在学校带领文学社团时就发现宣传很重要,如今建设一个企业,宣传的力量更是不容小觑。正是深感企业形象的重要,吕名礼在学会基本的网页制作方法后,着手进行华维节水网站的制作,其间关键字句的凝练、描述的撰写都是亲力亲为。"在网上搜索'灌溉'相关词,一定可以在首页找到华维节水。搜索某些关键词,甚至前面两三页只有华维节水。"吕名礼向员工讲起自己在网上的推广工作时,不无自豪,"我们一定要重视宣传和品牌建设工作,为华维节水一点一滴积攒名气,将它的名声宣扬出去。更长远来看,我要打造一个属于中国的世界灌溉品牌,这是我的初心,也是我一辈子的梦想。"

　　20世纪初,互联网浪潮刚刚兴起,在网上建网址做网页的成本还很低,也很少有人看到其间的机遇。对于成立之初没有丝毫名气的华维节水,应着互联网浪潮的宣传推广它赢得2006年第一个大批量订单奠定了基础,这也成为华维节水发展历程中的第一大转折点。

　　2006年初,华维节水还租着一个农家的两层楼。楼外一个小院子,吕名礼亲自挂了一个牌子,书写着"华维院"。那年早春一个飘雨的黄昏,吕名礼和他的团队准备下班,坦桑尼亚鲜花公司董事长约瑟夫(Joseph)一行三人正好走进华维的小院子。约瑟夫对于鲜花栽培有着与生俱来的感情,此前先后使用过以色列等多国知名企业的灌溉系统,但是苦恼于在非洲大地上使用,价格过于高昂,若是换用坦桑尼亚国内价格低廉的灌溉产品,其服务质量又难以跟上。于是约瑟夫将目光转向了网络,希望可以借助互联网平台,寻觅到为他的宝贝玫瑰提供最适宜"水肥一体化系统解决方案"的供应商。

　　名不见经传的华维节水得益于在互联网上的精心宣传,成功吸引了约瑟夫的关注。三人考察团到了华维节水,就在此留驻。该公司技术总监退掉之前预订的返程机票,在华维节水进行了一个多月交流讨论、实地考察,最终被吕名礼领衔的技术团队征服,将这份重任托付给了华维节水,并由此建立了亲密合作和友谊。

　　这一订单极为不菲,价值600万元。项目结束后,吕名礼思忖道:"尽管华维节水未形成自己的生产体系,但约瑟夫还是选择了我们,有意愿委托我们来为其投资数千万的温室提供服务。原因是我们将宣传做到家了。互联网宣传成本低,覆盖面广,是性价比极高的初创型公司宣传渠道。而后续的订单确认,最根本还是源于我们团队的综合服务实力，让他觉得放心，值得托付。"

的确，华维节水尽管一开始只是以合作、OEM委托生产的方式经营，但是从未拘泥于眼前的利润，坚持为客户提供经济高效的灌溉方案、优质的售后服务维护。华维节水坚信，品质和诚信是企业发展的根本动力。就在接到坦桑尼亚玫瑰园项目不久前，华维节水承接了一笔4 000多元的销售订单，将一批滴箭产品卖给上海一家合资绿化公司，用于河南嵩山少林寺的立体花坛灌溉。订单虽然不大，但是有一个机会将公司的产品推出去，整个团队都很高兴。谁知没过多久，买方发现花坛里的部分盆花出现枯死现象，经检查发现是由于部分滴箭产品四个出水口中的一个出水口出现堵塞造成的。得知这个情况后，吕名礼当机立断，第一时间补发了新的滴箭，并独自承担了对方两万元的盆花损失费用及空运费用。事情顺利解决后，这家绿化公司的市场经理握着吕名礼的手感叹道："华维节水只是一家小小的企业，却能有这样良好的信誉，今后一定会有大发展，这个合作伙伴我交定了。"

华维节水就是在这样缺乏充足人力、物力、财力的情况下，以合作、OEM委托生产的方式做起，凭着广泛的宣传和一点一滴的积累，订单从无到有，逐渐赢得一大批忠实的客户，并在泛华东地区渐渐打开了知名度。

第三节　开疆拓土，顺势而为（2007—2015年）

2008年夏日一个炎热的午后，吕名礼在办公室里接了一通电话。听着电话那头的话语，眉头渐渐皱了起来：一向有合作关系的A供应商生产出了问题，无法按照协议按时交货。不能按时拿到产品，顾客怎么办？签下的销售订单怎么办？想到几个月前，也是一家长期合作的供应商，由于产品生产过程中监管不到位，为华维节水生产的一大批滴灌管材质量不合格，严重地影响了华维节水产品交付和资金周转，差点损害了公司苦心经营的行业口碑。

这个问题整天萦绕在吕名礼心头，终于在公司一次会议上，吕名礼下定了决心，提出建立自己的生产体系："我犹豫了三年，犹豫是否要自己生产产品，毕竟建立生产体系需要技术支撑和大量资金，这些在之前都没办法解决。这几年里，我们遇到行业中形形色色的供应商、企业主，好多只是简单经营一个生产作坊，以挣钱为第一要务，很多协议不按约定遵守。如果还是继续依靠这些供应商，产品质量、交货周期我们无法掌控，产品质量的稳定性也无法保证，长此以往，华维节水的发展一定极大受限。好在华维节水发展至今，已经积累了一定的资金。没有创新性技术，我们可以先依托别人的技术生产初级产品。华维节水的未来，要从以服务为主、产品外包的模式，进入全新的'产品+服务'阶段。"

投入建成自己的生产体系后（见图1-7-2），华维节水自主制造的步伐越发坚定。2010年，华维节水将工厂从浦东搬到了奉贤。浦东的工厂生产面积小，产品品类相对比较单一，搬到奉贤后，生产规模扩大了十倍，产品种类也趋于完备。在此基础上，华维节水逐步建立起自己的模具车间、注塑车间、挤塑车间、焊装车间。华维节水不局限于简单的产品制造，而是依靠水力学、农学、植物营养等方面的专业知识，针对不同种类作物进行研究，利用高效节水灌溉设备，让客户用最少的生产资料及资源能耗实现最大的产出，从而实现更高效率，创造更多收益。

图 1-7-2　华维节水灌溉全体系产品

参观着新建成的工厂，吕名礼对企业的未来更加充满了希望："一个企业，最为核心的一点，即立命之本，不是工程做得多么好，多么赚钱，而是有自己核心的产品。产品战略是一个企业最重要的战略之一。"

除了扩大生产规模，华维节水脱离了原来的以工程服务类为主的布局，开始真正走向实体研发的道路。华维节水每年将利润的10%~15%投入到研发，与中国农业大学、中国农科院、上海交通大学、江苏大学等科研院所一直保持密切的合作，共建校企研究中心、研究生工作站等，为华维的人才培养、技术积淀提供强有力的支撑。经过多年的研发积累，华维节水产品体系涵盖高效灌溉的所有环节，包括滴灌系列、喷灌系列、微喷系列、管道管件系列、过滤系列、施肥系列、控制系列等。持续研发投入和高品质把控，使华维节水逐步发展为高新技术企业，光荣承担国家科技部"十二五"863课题研究任务，通过欧洲标准的ISO9001质量管理体系认证，获得国家科技进步二等奖，获得了数十项国家发明专利。

第四节 市场之争,运筹帷幄(2016—2017年)

从零起步到逐渐形成集产品研制、销售,工程设计、施工、运维、技术培训等于一体的服务体系,上海华维节水从一个默默无闻的小企业开始做起,发展为总销售额达上千万元的中型企业(见表 1-7-1)。吕名礼很欣慰,当初"走楼梯"式慢慢积累的发展模式给华维节水打下了坚实的根基,让华维节水高效灌溉业务可以稳步前进。

表 1-7-1 华维节水 2016—2017 年收入成本表

项目明细	时间/年	收入/元	成本/元	毛利/元	毛利率/%
产品销售	2016	50 610 206.21	34 838 989.63	15 771 216.58	31.16
	2017	23 137 326.70	15 733 456.16	7 403 870.54	32.00
工程施工	2016	20 508 990.82	14 635 633.28	5 873 357.54	28.64
	2017	17 552 101.11	11 235 735.40	6 316 365.71	35.99
滴灌带管	2016	5 967 109.17	4 224 044.66	1 743 064.51	29.21
	2017	2 745 802.35	1 950 769.95	795 032.40	28.95
技术服务	2016	398 550.60		398 550.60	100.00
	2017	81 952.66	—	81 952.66	100.00
合计	2016	77 484 856.80	53 698 667.57	23 786 189.23	30.70
	2017	45 618 904.14	30 075 898.31	15 543 005.83	34.07

2014—2016 年公司财务指标增长情况如图 1-7-3 所示,营业收入增长 26%,净利润增加 106%,扣非净利润增长 101%。

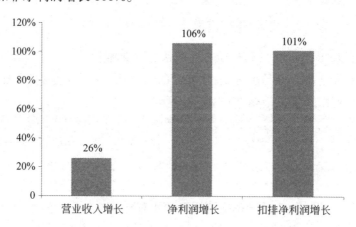

图 1-7-3 华维节水 2014—2016 年主要财务指标增长情况

华维节水的品牌塑造和实力积淀让华维节水先后承接北京奥运会、上海世博会、上海迪士尼的大型灌溉项目。在畅销全国各地的同时,华维节水成功走向了欧洲、美洲、大洋洲、非洲以及亚洲的东南亚、中东等广大国际市场,并多次成为国家援外项目配套商(见图 1-7-4)。

案例七 "立足高效灌溉，打造智慧农业"——华维节水的战略选择

图1-7-4　华维节水国际交流项目

2016年1月21日，华维节水成功在新三板挂牌上市，为华维节水的发展迎来了更大的契机。吕名礼在激动之余，想到现今激烈的市场竞争环境，面对行业内主要的上市公司（见表1-7-2），强大的国内外同行对手，不由冷静了下来。

表1-7-2　灌溉行业主要相关上市公司基本情况

股票名称	股票代码	动态PE/%	净利润	上市时间	上市市场
天业节水	840	−5.02	−0.57亿港元	2006年	港股
大禹节水	300021	66.47	0.47亿元	2009年	深市
润农节水	830964	35.30	0.39亿元	2014年	三板
新疆天业	600075	20.53	4.89亿元	1997年	上市
国统股份	2205	20.43	0.13亿元	1997年	上市
青龙管业	2457	201.70	0.21亿元	2010年	上市
安徽水利	600502	29.10	3.06亿元	2003年	上市
永佳动力	837471	14.70	0.33亿元	2016年	三板
中兴机械	832017	56.90	0.13亿元	2015年	三板
东方生态	430091	49.40	500万元	2011年	三板
艾斯克	831739	25.10	200万元	2015年	三板
麦稻之星	430691	750.00	13万元	2014年	三板
豪威尔	430471	−143.00	−39万元	2014年	三板
欧泉科技	836033	−55.00	−44万元	2016年	三板

资料来源：作者根据公开资料整理。

中国的节水灌溉行业内,美国、以色列等国的国际节水巨头长期垄断了高端市场。国内几家龙头企业在中端市场上实力不容小窥,竞争激烈(见表1-7-3)。在低端市场上则存在大量小规模公司,自身制度不完善,生产的产品质量参差不齐,在一定程度上阻碍了行业良性发展。因此,吕名礼在公司会议中多次强调:"华维节水能在新三板上市,是机遇,更是新成长期的开始。上市意味着公司管理需要更规范。面对趋于激烈的市场竞争,自身发展方面绝不能懈怠。"

表1-7-3 上海华维节水主要财务比率与同行业上市公司的对比表

项目对比		华维节水	大禹节水	天业节水	润农节水
盈利能力	销售毛利率/%	34.35	26.73	6.05	28.78
	销售净利率/%	12.82	6.03	-9.36	11.68
	权益报酬率/%	19.16	6.13	-8.78	11.68
营运能力	应收账款周转率/%	3.55	2.19	4.62	3.17
	应收账款周转天数/天	101	164	78	114
	存货周转率/%	2.92	1.50	1.33	2.19
	存货周转天数/天	123	240	271	164
	经营周期/天	225	404	349	278
流动性	流动比率/%	1.39	2.05	2.56	3.06
	速动比率/%	1.00	1.28	1.03	1.82
偿债能力	资产负债率/%	44	45	32	27
	产权比率/%	79	83	48	36

资料来源:作者根据公开资料整理。

华维节水已经获得了一定的实力和认可,在当下的市场环境下,如何定位,今后朝哪个方向着力,成为困扰吕名礼的最大问题。吕名礼想到华维节水成立之初,自己就定下的目标——"打造属于世界的灌溉品牌"。尽管看到了灌溉行业中低端市场存在很大空间,但是对于吕名礼来说,初心不能忘。"我们要做服务'三农'的企业,不断创新,抢占农业发展的制高点。"吕名礼萌生了将华维节水定位于中高端,结合互联网科技,打造高效灌溉与现代农业的想法。

应着国家加快发展现代农业的政策趋势(见表1-7-4),华维节水开始向农业物联网进军,建立起拥有自己特色的物联网系统,该系统可将种植区域的各种环境数据、影像、历史数据报表等信息融合成一个综合信息平台,并通过智能化操作终端实现用户随时随地查询、监控,实现农业的高产、高效、优质、生态和安全。与此同时,华维节水自建千亩现代化示范农场,形成"可学、可复制、可推广"的现代农业样板房,打造出集"智慧灌溉、智慧温室、智慧种植、智慧溯源"四位一体,为外界称道的"华维模式"。

表1-7-4 2008年至今我国节水灌溉主要政策一览

发布时间	政策名称	节水灌溉相关
2008年2月	《关于切实加强农业基础建设进一步促进农业发展农民增收的若干意见》(2008年)	力争到2020年基本完成大型灌区续建配套与节水改造任务

续表

发布时间	政策名称	节水灌溉相关
2011年1月	《中共中央 国务院关于加快水利改革发展的决定》（2011年）	到2020年，基本完成大型灌区、重点中型灌区续建配套和节水改造任务
2012年2月	国务院印发《全国现代农业发展规划（2011—2015年）》	新建一批灌区，大力开展小型农田水利建设，增加农田有效灌溉面积
2012年11月	《国家农业节水纲要（2012—2020年）》	全国农田有效灌溉面积达到10亿亩，新增节水灌溉工程面积3亿亩，其中新增高效节水灌溉工程面积1.5亿亩以上，农田灌溉水有效利用系数达到0.55以上，高效用水技术覆盖率达到50%以上
2013年10月	《全国高标准农田建设总体规划（2011—2020年）》	到2020年，建成旱涝保收的高标准农田8亿亩，亩均粮食综合生产能力提高100公斤以上；其中，"十二五"期间建成4亿亩
2015年5月	《全国农业可持续发展规划（2015—2030年）》	实施水资源红线管理、推广节水灌溉、发展雨养农业，到2020年全国农业灌溉用水量保持在3720亿立方米，农田灌溉水有效利用系数达到0.55，发展高效节水灌溉面积2.88亿亩
2016年2月	《2016年农村水利工作要点》	加快发展区域规模化高效节水灌溉
2016年3月	《中华人民共和国国民经济和社会发展第十三个五年规划纲要》	新增高效节水灌溉面积1亿亩
2016年7月	《关于加快推进高效节水灌溉发展的实施意见》	各地加大财政支持力度，整合各类资金渠道，政府与市场两手发力，千方百计保障高效节水灌溉建设资金需求。打造一批高效节水灌溉示范县等

资料来源：通过国家及行业网站公开资料整理。

第五节　尾声

华维节水取得中埃两国"一带一路"合作项目1.38亿元大单，中央电视台、《中国水利报》《农民日报》《中国农机化导报》等众多知名媒体对其进行报道，同时获得了农业农村部高度关注。但是媒体的赞誉和好评并没有让吕名礼迷失在眼前的成功里。已是深夜，忙碌了一天的吕名礼回到办公桌前，眼望窗外灯火阑珊，嘴里喃喃道："年轻的华维节水，前路还很漫长，接下中埃合作的亿元大单，赋予了华维节水更多的责任，它不只是代表华维节水，更代表了中国高效灌溉产品的走出去。产品制造、研发、一体化服务方面的优势让华维节水在行业占据了一席之位，但在人力、市场销售等方面存在的很大短板和不足，这是华维节水不得不正视的。现代农业发展日新月异，不主动追求高效灌溉、技术创新，势将要被行业所淘汰。"

当下的短板如何解决，选择的中高端路线是否正确？吕名礼陷入了沉思……

启发思考题

1. 创业前（孕育期）吕名礼面临的主要问题是什么？为什么会自主创业并选择节水灌溉这个行业？
2. 企业在婴儿期面临的主要问题是什么？华维节水是如何做好客户开发与维护的？
3. 企业在学步期主要面临的问题是什么？华维节水为何选择自主生产和研发？
4. 企业在青春期面临的市场竞争日趋激烈，如何分析竞争形势？目前华维节水面临的竞争态势如何？
5. 企业怎样能更好更快地进入盛年期及成熟期？你认为华维未来发展方向是什么？

拓展阅读　华维节水发展历程大事记

拓展阅读　华维节水组织结构图

拓展阅读　华维节水自主研发中心与生产环节图片

拓展阅读　华维节水所获荣誉及图片

第二部分
案例分析

案例一分析

第一节 适用课程与教学目的

一、适用课程

本案例适用于"战略管理""创业管理"等课程教学。

二、教学目的

本案例以思拜恩农业科技有限公司（以下简称思拜恩）为研究对象，复盘公司业务由草莓全产业链转变到聚焦"无毒草莓苗"过程中的成就与挫折，旨在帮助学生学习和应用聚焦战略，深入理解核心竞争力对聚焦战略的支撑作用。

第二节 分析思路

本案例的分析思路主要依据竞争战略理论中的聚焦战略展开，以核心竞争力为支撑，分析理解思拜恩农业的创业历程，探讨聚焦战略动因、目的、实施条件、优势和局限。

案例分析思路如下：

首先，介绍创始人的背景和创业过程，描述思拜恩创业之初的行业选择和战略选择，启发学生理解和应用鉴别核心竞争力的方法。

其次，通过分析思拜恩原草莓全产业链布局遇到的挑战，使学生理解核心竞争力与战略的匹配关系，进而探究聚焦"无毒草莓苗"的目的。

再次，描述企业选择聚焦"无毒草莓苗"战略后的运营变化和初步成效，理解学习聚焦战略的适用条件和优点。

最后，以思拜恩未来计划再次转型回全产业链公司的设想为尾声，引导学生理解聚焦战略的局限，再次理解核心竞争力与企业战略的匹配关系。

图 2-1-1 展现了本案例的主要情节、知识点和启发思考题。基于相关理论，讨论分析案例情节，进而逐一回答启发思考题。

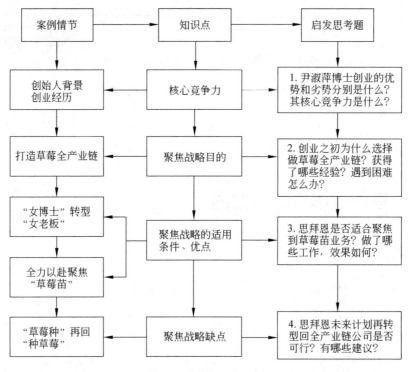

图 2-1-1 案例分析思路

第三节 理论依据与分析

一、尹淑萍博士创业的优势和劣势分别是什么？其核心竞争力是什么？

核心竞争力的概念及鉴别

核心竞争力又称"核心能力""核心竞争优势",根据学者普拉哈拉德和哈默的定义,"核心竞争力是指组织中的积累性学识,特别是关于如何协调不同的生产技能和有机结合多种技术流的学识"。

企业核心竞争力是指企业在市场竞争中战胜竞争对手,获得竞争优势的一系列资源和能力,是其在发展成长过程中逐步积累起来的。核心竞争力凸显了公司的竞争力,反映了公司的独特个性。资源分为有形资源和无形资源,企业通过整合资源,形成自身能力。通过鉴别,识别出企业的核心竞争力。依据行业成功要素和战略对企业能力的要求,将资源集中用于发展具有优势的核心竞争力,或建立发展尚未形成但企业战略要求拥有的核心竞争力,将不具核心价值和优势的非核心能力发展放在次要地位甚至外包,进而集中资源将核心竞争优势逐渐发展成为战略优势,以达到战胜竞争对手的目的。

核心竞争力的鉴别有四个维度，分别为价值性、稀缺性、难以模仿性和不可替代性。需对企业的能力进行系统分析，进而筛选出其核心竞争力。

创业企业初期，企业的资源和能力很大程度上源自创始人。对尹淑萍博士创业的优劣势分析有助于发现和鉴别思拜恩的竞争优势。

1. 优势

思拜恩创始人尹淑萍毕业于中国农业大学农学系，获博士学位。1995年至2005年在北京市农林科学院果树研究所工作。11年里，尹淑萍博士专注从事草莓产品科研工作，不仅积累了丰富的草莓种植的专业理论知识，还塑造了她专心致志、一丝不苟、探索求真的科研精神。2005年，尹博士离开研究所，受聘于西班牙艾诺斯种业有限公司，担任公司中国区总经理。在外企，尹淑萍博士主要从事美国、西班牙等国家草莓品种在国内市场的推广。工作期间，尹淑萍博士不断拓展自己的国际化产业视野，对欧美国家国际领先的草莓产业发展趋势、运营模式等了如指掌，对国内草莓产业也拥有深入的认知及洞察，行业内具有一定知名度。

在研究所和外企工作的经历，使尹淑萍博士所拥有的草莓种植技术和理念，特别是优质育苗的核心技术，领先国内同行业竞争对手20年。创业之初，尹淑萍博士利用自有资金，采购先进设备，建设标准化、规模化的草莓棚，按理论体系高标准建设草莓生产基地。

综上，尹淑萍博士创业时优势可以总结为：专业知识和先进技术、学习能力和进取精神、国际化视野与经验、行业影响力、自有资金。

2. 劣势

尹淑萍博士把创业的地点选在内蒙古的巴彦淖尔，地理位置相对偏远。创业地点是她基于气候对草莓品质把控的分析结果。巴彦淖尔地处河套平原，昼夜温差大，病虫害发生的概率相对较小。在这里种植草莓，不仅草莓果甜度高，还可以减少农药施用量。然而，巴彦淖尔地理位置偏远，难以吸引优秀人才加入思拜恩的事业。创业之初，由于缺少优秀人才加入核心管理层，公司决策主要靠尹淑萍一人。尹淑萍博士是学术出身的科研人员，科研态度塑造了她实事求是、高标准、严要求的作风。创业初期，尹淑萍博士对具体事项要求极为严格，而并不擅长谈心、请公司员工吃饭等团队融合方法，在员工管理的艺术和技巧上略有缺失。

此外，尹淑萍博士的个人经历使其在市场拓展和获取客户方面经验不足。外企工作的特点是执行公司总部计划，且有管理体系和产品体系作为支撑。对于新创立的小企业来说，开拓市场拿到订单是生存的关键，而开拓市场恰恰是尹博士的能力短板。

综上，尹淑萍博士创业时的劣势可以总结为缺少核心管理团队、创始人管理能力不足，营销能力偏弱。

3. 思拜恩的核心竞争力

在创业之初,思拜恩的核心竞争力主要依据创始人的资源和能力进行鉴别。依据上述分析,企业创始人的优势主要包括:专业知识和先进技术、学习能力和进取的精神、国际化视野与经验、行业影响力、自有资金。

依据核心竞争力的四个标准——价值性、稀缺性、难以模仿性、不可替代性,分别对其能力进行鉴别分析。

1)专业知识和先进技术

(1)价值性。尹淑萍拥有中国农业大学农学系博士学位,在北京市农林科学院果树研究所独立承担科研项目多项,曾任西班牙艾诺斯种业有限公司中国区总经理。在这些经历中,尹淑萍博士学习到了国际领先的草莓种植技术和理念,专业的草莓育种知识。其拥有的坚实的科研基础,对思拜恩的成立和发展具有极高价值。

(2)稀有性。尹淑萍博士所拥有的草莓专业知识和种植技术源于近20年草莓专业科研经历积淀和国际化工作背景。行业内同时拥有科研背景和外企背景的从业人员较少,其个人所拥有的知识和技能在行业内具有一定的稀缺性。

(3)难以模仿性。专业知识和先进技术具有一定壁垒,特别是在应用阶段需要针对不同场景进行个性化调整。竞争对手难以在短期内模仿、照搬思拜恩的知识和技术。

(4)不可替代性。草莓种植有其特定的专业知识和生长规律,针对特定作物的知识和技术具有不可替代性。

2)学习能力和进取精神

(1)价值性。在农科院工作的前五年,尹淑萍完成了她申请到的几乎所有课题,学习了各种草莓专业领域课程,同时攻读了中国农业大学的农学博士,具有超强的学习能力。攻读博士的学习过程造就尹博士积极向上、不断进取的精神。她做事严谨、学以致用,相信精准的数据,相信科学方法,关注细节,以结果为导向。对于企业来说,不断学习的能力和进取精神是企业家精神的体现,也是企业能够持续成长的动力源泉。由此,学习能力和进取精神对思拜恩的发展具有价值。

(2)稀有性。成功的科学家、学者、企业家等各行业佼佼者绝大多数具备较强的学习能力和进取精神。尹淑萍博士的学习能力和进取精神在成功企业家群体里稀有性程度一般。

(3)难以模仿性。学习能力和进取精神是经过历练而形成的,具有独特性。短期内个人学习能力和进取精神难以改变,其具有难以模仿性。

(4)不可替代性。现代企业运营需要五个基本要素:物质资源、劳动力、资本、信息、企业家精神。其中,以学习能力和进取精神为构成核心的企业家精神是现代企业能够获取成功的关键要素。企业家作为核心,调动和整合其他四项要素发挥协同作用,生产出社会所需要的产品或服务,产生社会价值,获取经济收益。因此,学习能力和进取的精神对公司发展的重要作用不可替代。

3)国际化视野和经验

(1)价值性。在外企工作的11年里尹淑萍博士多次参观学习以美国和西班牙为代表的拥有最前沿科技含量的草莓企业。国际化视野和经验对引领公司发展方向极具价值。

（2）稀有性。国内草莓行业多以小型种植户为主，行业集中度较低。在此行业中，拥有国际化视野和经验的从业人员较为稀少，具有一定的稀缺性。

（3）难以模仿性。在规模化的草莓企业中，具有草莓产业国际化视野和经验的管理者不在少数。竞争对手可以通过招聘或合作的方式获取具有国际化视野和经验的管理人才，因而这方面较容易被模仿。

（4）不可替代性。由于产业的发展特点，欧美国家草莓行业领先于我国。国际化视野和经验对企业的发展方向起到重要的引领和指导作用，对思拜恩的长远发展具有不可替代性。

4）行业影响力

（1）价值性。尹淑萍博士在北京市农林科学院工作期间，与国内草莓行业科研工作者有密切的沟通与联系；在外企工作期间与大量莓农、政府人员、草莓行业国际领先专家交往密切。在草莓行业深耕近20年，使得尹博士在行业内具有一定影响力。创业之初，草莓行业的影响力对公司发展具有价值。

（2）稀有性。行业影响力与在行业内的话语权、活跃程度、从业时间等要素有关。各行业内均拥有一定数量的具备影响力的官员、学者、企业家等。尹博士的行业影响力不具有稀有性。

（3）难以模仿性。草莓行业是完全竞争行业，行业资源对所有参与者开放。行业影响力需要从业者自身通过积累逐渐获取，竞争对手亦可获得，其难以模仿性较弱。

（4）不可替代性。行业影响力具有范围边界，可以按地理区域、行业、产业链环节等维度划分。行业影响力是企业运营绩效的副产品而不是决定要素。行业影响力强不等同于企业运营良好，两者之间没有必然的逻辑关系。因此，从企业经营角度出发，行业影响力要素的不可替代性较弱。

5）自有资金

（1）价值性。自有资金在创业之初对思拜恩具有价值。相对充裕的自有资金可以确保尹博士按照自身构想采购先进设备、建设规模化草莓棚、聘请行业优秀人才，进而按照国际领先的新理念、新模式打造思拜恩。企业决策拥有完全自主权，免受外界干扰。

（2）稀有性。思拜恩的创始资金投入与规模化企业和社会资本相比并不高，自有资金优势不具有稀有性。

（3）难以模仿性。资本是最容易被模仿的要素，不具备难以模仿性。

（4）不可替代性。企业获取资本的途径众多，除自有资金外，还有借贷、融资等，不具备不可替代性。

综上，对思拜恩创始人尹博士的资源和能力进行分析，思拜恩创立之初的核心竞争力主要集中在创始人的知识和技术、学习能力和进取精神、国际化视野与经验三个方面。结合创始人优劣势分析可以发现，创业初期，思拜恩的优势主要集中在对专业知识和行业发展理解要求较高的研发端，而内部管理能力和在市场端的销售能力较弱（见表2-1-1）。

表 2-1-1　思拜恩的核心竞争力分析

	价　值　性	稀　缺　性	难以模仿性	不可替代性	核心竞争力
创始人知识和技术	强	强	强	强	√
学习能力和进取的精神	强	弱	强	强	√
国际化视野与经验	强	强	弱	强	√
行业影响力	强	弱	弱	弱	×
自有资金	强	弱	弱	弱	×

二、创业之初为什么选择做草莓全产业链？获得了哪些经验？遇到困难怎么办？

聚焦战略目的

聚焦战略通常结合差异化和成本领先战略，分别被称为最佳价值聚焦战略和低成本聚焦战略，可用来抵御替代品的威胁，也可以针对竞争对手最薄弱的环节采取行动，从而使企业在本行业中得到高于一般水平的收益。

最佳价值聚焦战略是指把经营战略的重点放在一个特定的目标市场上，为特定的目标群体提供与竞争对手不同的产品或服务，建立自身优势。低成本聚焦战略是指把经营战略的重点放在持续提高生产效率、降低生产成本上，进而建立自身优势。如果企业能够顺利实现上述两种战略，那么就会摆脱危险地带和竞争区域，进入优势地带。如果能同时实现两种差异化，企业将进入具备绝对优势的伊甸园区域。如果两种聚集战略均不能实现，企业会向危险地带滑落，甚至进入死亡谷（见图 2-1-2）。

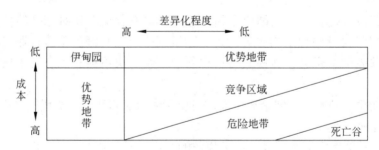

图 2-1-2　聚焦战略

1. 创业之初选择做草莓全产业链的原因

创业之初，思拜恩选择做草莓全产业链，既是市场不成熟，缺乏配套服务商的被动无奈之举,也是打通全产业链以保证产品品质的主动之举。

1)市场无配套服务商。在欧美较为发达的草莓行业中,标准化程度和专业化分工程度较高。草莓种植企业可专注种植环节,市场中有可为种植企业提供育苗、肥料、农药、销售等配套服务的专业服务商。虽然我国草莓种植历史不长,但是生产区域分散,生产过程缺乏标准,专业分工尚不健全,缺少专业化的配套服务商。思拜恩想要种出标准化、规模化的高品质草莓产品,只能把草莓产业链中种子、育苗、种植、销售各环节全部打通,这是一种无奈之举。

2)品质保障。农业的产业特点导致很多销售终端产品的企业开始往产业链上游布局。只有将产业链向前打通,才能够实现农产品的可追溯体系,保障各产业链环节的产品质量,保证草莓果实的品质。

2. 经验

1)通过品种的筛选和种植制度的改进,恩拜恩实现全年鲜果上市。思拜恩通过对老品种脱毒育苗,提高品种的抗性。不断引进和筛选新的品种,并在适宜的气候区域研发出与之配套的种植方案。通过冬草莓品种和夏草莓品种的交替种植,实现了草莓鲜果的全年供应。

2)培育出高品质无毒草莓苗。思拜恩将国外先进的草莓苗繁育技术延续到思拜恩,建立起一个三级脱毒育苗技术体系,结合本身抗病性高的草莓品种、河套平原昼夜温差大的环境优势,培育出高品质的无毒草莓苗。草莓种植过程中涉及施肥、灌溉、去病害等技术,思拜恩在引进欧美技术的基础上进行反复试验,升级优化,种出的草莓品质高,味道鲜美。

3)全产业链运营经验。思拜恩探索全产业链模式过程每一步都很扎实,实现了草莓的全产业链运营,也拥有了草莓全产业链运营中涉及的技术和经验。

3. 遇到困难怎么办?

1)全产业链模式难以盈利,正在滑向死亡谷

从成本角度分析,思拜恩虽然成功实现了草莓的全产业链运营,但是由于各环节投入较大,草莓果实的销售收入不足以支撑固定资产分摊和各项费用支出。在创业初期,思拜恩的草莓产量并不高,难以形成规模化优势降低成本。

从差异化角度分析,思拜恩的草莓果实与市场中的现有竞争对手差异化程度不明显,难以使消费者感受到产品在本质上的区别。

思拜恩在成本和差异化程度两个方面的优势都在减弱,已处于危险地带,且向死亡谷靠近。

2)采用最佳价值聚焦战略可转危为安

为挽回向死亡地带滑落的趋势,向优势地带和伊甸园角落靠拢,思拜恩需要寻找成本低、差异化程度高的草莓业务。结合思拜恩的核心竞争力,草莓苗的研发和培育是其拥有的独特优势,在这一环节恩拜恩远超其竞争对手。同时,国内草莓企业多从事草莓种植和销售,育苗企业较少,是竞争对手中最薄弱的环节。因此,思拜恩聚焦在草莓苗

的细分市场，以强攻弱，扩大自身企业与竞争对手的产品差异程度，使思拜恩在图 1-1-2 中的位置按水平差异化程度轴向左移动，向左侧优势地带靠拢，进而获取竞争优势，获得在本行业中高于一般水平的收益。

三、思拜恩是否适合聚焦到草莓苗业务？它做了哪些工作？效果如何？

1. 聚焦战略的适用条件

1）目标市场足够大，可以盈利，且有增长潜力；
2）目标市场上，竞争对手很难满足客户在专业化或特殊性上的要求；
3）企业拥有足够的资源和能力服务于具体的小目标；
4）产业中有很多不同的利基市场；
5）极少有其他竞争对手试图专攻相同的利基市场；
6）目标小市场有很好的增长潜力，且足够大，企业可以从市场中获得利益；
7）目标小市场上，企业能够凭借其建立起来的顾客忠诚度有效预防挑战者。

2. 聚焦战略的优点

聚焦战略追求的目标不是在较大的市场上占有较小的市场份额，而是在一个或几个市场上有较大的，甚至是遥遥领先的市场份额。其优点是适应了本企业资源有限这一特点，可以集中力量向某一特定子市场提供最好的服务，而且经营目标集中，管理简单方便，使企业经营成本得以降低，有利于集中使用企业资源，实现生产的专业化，实现规模经济的效益。

1. 文山草莓产业园教科书般符合聚焦战略的适用条件

建立文山草莓产业园是思拜恩运营过程中遇到的机会。在云南文山建立产业园，不仅与内蒙古巴彦淖尔产业园形成一南一北的地理布局，还可以重新设计规划公司业务领域，尝试新的商业模式。

1）草莓苗市场足够大，可以盈利，且有增长潜力。我国草莓种植园区分布广泛，在辽宁丹东、安徽合肥、河北保定、山东烟台、上海郊区、四川双流等地都有较大的园区。全国每年大概需要 180 亿株草莓苗。与之相比，市场上专业化育苗的企业却很少。规模化种植基地不仅仅要求草莓苗的病害少、产量高，还要求其花芽分化早，以便提前产果提前上市，获取更高收益。同时，普通莓农无法拥有优质育苗所需要的技术和设备，也很难鉴别出草莓苗的质量优劣。250 万亩草莓园中的莓农每年都在苗的问题上备受煎熬。因此，我国优质草莓苗市场需求大且尚未被完全开发，草莓苗的市场增长潜力巨大。

2）草莓苗市场上，竞争对手很难满足客户在专业化或特殊性上的要求。培育高品质的草莓苗对技术要求较高。因为草莓通过无性繁殖，苗的繁殖过程会传播病毒，所以草莓在种植过程中较易遭受病害，这也是草莓种植行业的关键痛点之一。思拜恩在育苗环节拥有技术优势，在专业化育苗过程中采用三级脱毒，培育的无毒草莓苗少病害、早上市、成活率高。育苗环节标准化、规模化，可以满足规模化种植基地和普通莓农对无毒优质草莓苗的需求。专业技术的壁垒使竞争对手难以满足草莓种植企业和种植户的专业性要求。

3）思拜恩拥有足够的资源和能力在草莓苗的细分市场提供产品和服务。思拜恩的核心竞争力在于草莓的育苗环节，内蒙古巴彦淖尔和云南文山2个草莓基地每年可生产优质基质钵苗800万株，冷藏苗800万株。文山草莓产业示范基地拥有全球先进的水肥一体化系统、智能温控系统及智能化草莓天瀑植物工厂。文山基地计划未来五年建设五万亩草莓苗标准化种植基地，年培育十亿株高山草莓苗，成为全球最大的草莓苗供应基地。思拜恩有足够的资源和能力服务于众多草莓种植企业和莓农。

4）草莓产业中有很多不同的利基市场。利基市场是在细分市场中具有相似兴趣或需求的顾客群体所占有的市场空间。草莓产业链主要包括品种研发、育苗、种植、加工、销售等环节。草莓产业各环节存在相应的利基市场。

5）极少有其他竞争对手试图专攻草莓苗市场。草莓苗的利基市场科技含量较高，需要专业知识积累和资金的持续投入。一般草莓种植企业很少涉及这一业务。目前我国只有少数草莓种植企业涉及育苗业务，但规模很小，技术支撑有限。行业内极少有竞争对手试图专攻"无毒草莓苗"的利基市场。

6）草莓苗市场有很好的增长潜力，且足够大，企业可以从市场中获得利益。目前，我国草莓苗病害整体较为严重，农药施用量较大，对果实的食品安全提出了严峻挑战。全国各地草莓种植企业的莓农都需要优质的草莓苗。据统计，每年行业需求的草莓苗约180亿株，而投放到市场上经过专业化培育的草莓苗却微乎其微。尤其是目前思拜恩聚焦的脱毒基质苗，是草莓苗中的顶级产品，现阶段思拜恩仅凭每年300多万株的投放量，就已经进入市场的前五名。草莓苗市场集中度很低，"无毒草莓苗"增长潜力足够大。

7）在草莓苗细分市场，思拜恩拥有客户基础和行业声誉。尹淑萍有11年科研机构工作经验和11年外企工作的经历，为数以万计的种植企业和莓农授课，传播草莓专业知识，在行业建立了较高的声誉和名望。在思拜恩成立之初，很多企业和莓农主动上门来购买草莓苗。专业知识和行业声誉能够使思拜恩培养顾客忠诚度并有效预防挑战者。

综上，思拜恩教科书般的符合聚焦战略的全部七项适用条件。一般情况下，企业符合大多数适用条件时即可选择和实施相应战略。思拜恩这一企业特点完全符合理论框架，是分析聚焦战略适用条件的典型案例。

2. 聚焦草莓苗的战略实施

2018年底，思拜恩正式实施聚焦草莓苗的战略，从"种草莓"聚焦到"草莓种"，主要做了以下四项工作。

1）建立文山草莓苗基地。2018年底思拜恩与当地政府合作，在云南文山的高原地区建立专业化草莓苗圃。一期现已投产，未来计划建设五万亩草莓苗标准化种植基地，年生产十亿株高山草莓苗，打造全球最大的草莓苗供应基地。

2）培育基质苗。思拜恩国内率先培育被称为最高级的种苗基质苗，摆脱草莓苗对土壤的依赖，进而使草莓苗与土壤中的病虫害隔离，提高草莓苗的质量和成活率。

3）采用世界领先的草莓天瀑技术，可以实现传统育苗十倍产量。草莓天瀑采用立体化种植，节约种植空间，提升单位面积的生产效率。通过引进营养液循环的无土栽培技术和水肥一体化循环使用，与传统育苗模式相比，水利用率高达98%，减少肥料施用50%以上，且基本无须施用农药。草莓天瀑模式减少了地下水和土壤污染，减少了农药使用，节约成本的同时大幅提高了生产效率。

文山基地聚焦草莓苗后，思拜恩将巴彦淖尔基地逐步砍掉除草莓苗繁育之外的其他环节，扩大草莓苗繁育规模，逐渐扩大基质苗的产量，目标逐步全部转型为基质苗生产。

4）招聘农业领域市场营销高管，主动出击迅速开拓草莓苗市场推广。思拜恩原销售对象主要以尹淑萍博士行业影响力带来的上门客户为主，主动出击，在市场中获客的比重较少。2019年底，思拜恩招募了一位曾在饲料行业工作的营销总监，迅速在全国市场打开了销售渠道，围绕草莓主产区快速布局销售网络。

3. 聚焦战略实施初期成效显著

聚焦战略实施后，思拜恩在草莓苗的细分市场中快速增长。聚焦战略匹配思拜恩作为初创企业资源有限的特点，集中力量向草莓苗的细分领域提供最好的产品和服务。由于经营目标集中，管理较之前全产业链布局更为简单方便。企业经营成本下降，收入提高。依靠自身技术优势，在草莓苗细分市场实现了生产的专业化和规模经济效益。

1）销售体系迅速建立。截至2019年底，思拜恩内蒙古巴彦淖尔基地和云南文山基地已建成年产2 000万株的育苗基地。已开发12个省级代理，与三个大型种植园区、三个农学院试验站、上百个种植户建立合作关系，已初步建立起草莓苗的销售体系，且该体系仍在快速扩张。

2）高端草莓苗供不应求。2019年思拜恩向市场输出的基质苗数量约占基质苗市场总额的15%，占"高原基质苗"市场份额的60%。随着种植企业和莓农对思拜恩高端基质苗的认可，2019年底思拜恩草莓苗出现一苗难求、严重脱销的现象。

3）公司管理水平提升。随着业务聚焦，公司治理相对简单。创始人尹淑萍博士在聚焦战略实施过程中也逐渐体会到"女博士"与"女老板"的区别。随着思拜恩的发展尹博士的管理水平也在一直成长。思拜恩在内部管理制度和企业文化等方面已有大幅提升，"以草莓为梦想，以奋斗为根本"成为每一名思拜恩人的理想。

4）营业收入和利润翻倍。文山草莓产业园以轻资产模式建设，前期投入不高。2019年思拜恩以草莓苗销售为主，附带部分草莓鲜果售卖，再加上为大型种植园提供的整体解决方案和托管运营等技术服务收入，思拜恩的营业收入和利润较前一年均实现翻倍。

5）社会价值。文山市曾是云南省的贫困县级市，思拜恩在当地运营发挥了社会效用，带动了当地农民增收。2019年，思拜恩在文山聘用当地农民种植草莓，帮助文山厚德水库移民 120 人就业，人均年收入从 0.4 万元增加到 1.7 万元，是当地产业扶贫的典型代表。

综上，思拜恩实施的聚焦战略取得了立竿见影的效果。企业在草莓苗市场势如破竹，在市场份额、销售网络、营业收入、社会价值方面均快速取得成效。

四、思拜恩计划未来再转型回全产业链公司是否可行？有哪些建议？

聚焦战略的弱点

聚焦战略本身有一定的弱点，由于企业全部力量和资源都投入一种产品或特定的市场，当顾客偏好发生变化，技术变革或有新的替代品出现时，企业会受到冲击甚至威胁；竞争者打入企业选定的市场，并采取优于企业的更集中化的战略；由于市场销售减少，生产成本增加，使得企业集中战略的成本优势削弱，甚至难以保持聚焦战略。

1. 思拜恩转回草莓全产业链公司的诱因

1）产业链后端的利润空间更高

整体而言，在农业产业链上越往后端，利润空间越大。在国内草莓市场上，草莓苗的价格约为 0.4~1 元／株，草莓果的价格却高达 30~60 元／斤，高品质的草莓果售价更高。草莓苗的客户是种植企业和莓农，对苗的价格敏感度高，思拜恩需要不断提高效率、降低成本，以规模化经营获取利润。草莓果实的消费者对价格敏感度相对较低，对果实口感的敏感程度更高。消费者愿意为高品质的果实付出更高的价格。产业链不同环节的利润率是诱导思拜恩再度转回全产业链公司，以草莓果为最终产品的主要因素。

2）全产业链运营可发挥协同效应降低成本，保证产品质量

思拜恩创业初期已进行过草莓全产业链探索，在草莓苗培育各环节均有一定经验。全产业链运营可以发挥协同效用，通过内部产品和资源转移降低生产成本，提高盈利空间。同时，全产业链运营也有助于把控各环节的产品质量，确保高品质的苗最终转化为高品质的果。

3）政策扶持

思拜恩联合文山市人民政府打造的文山草莓产业基地，获得了当地政府的大力支持。文山市人民政府为思拜恩为提供了良好的经营环境和多元化的资本支持途径。与创业初期不同，现阶段思拜恩再度布局全产业链，可采用轻资产的运营模式，减轻企业资金压力。

4）前期全产业链运营经验

创业初期全产业链运营为再次布局全产业链提供了宝贵的经验积累。相比创业伊始，

思拜恩的技术、管理、人员等方面都有了很大进步，企业能力和资源较创业初期能够更好地支撑全产业链运营。

2. 聚焦战略的弱点尚未显现

聚焦战略的弱点主要体现在三个方面：①顾客偏好发生变化，技术变革或有新的替代品出现；②竞争者打入企业选定的市场，并采取优于企业的更集中化的战略；③市场销售减少，生产成本增加，企业集中战略的成本优势削弱。

1）顾客偏好发生变化、技术变革或有新的替代品出现

当前，草莓行业对优质苗的需求十分旺盛，预计短期内该需求不会发生根本变化。草莓苗的培育有一定的技术门槛，思拜恩自身也在不断更新迭代育苗技术。草莓苗是种植草莓的必需品，尚无有其他替代方案。因此，战略聚焦的此项弱点在思拜恩的短期运营中不存在。

2）竞争者打入企业选定的市场，并采取优于企业的更集中化的战略

草莓育苗市场具有一定的技术门槛，需要长期投入人力物力进行科学研究，育苗技术革新需要一定的时间积累。短期内，思拜恩的竞争对手尚难以打入该细分领域。

3）市场销售减少，生产成本增加，企业集中战略的成本优势削弱

思拜恩目前草莓苗的销售势头正旺，随着育苗规模化，生产成本还在不断下降，未出现此项聚焦战略的弱点。

综上，聚焦战略的弱点在思拜恩现阶段企业运营状况不符。聚焦战略正在为思拜恩发挥积极效用，其弱点尚未展现。企业现阶段应坚持聚焦战略不能动摇。

3. 建议

1）短期内聚焦草莓苗业务不要动摇

依据前文分析，聚焦战略正为思拜恩发挥积极作用，其弱点均未在企业运营中出现。短期内，草莓苗的市场空间仍然很大。思拜恩应加强战略定力，坚持聚焦战略不动摇，将草莓苗做到细分领域天花板，获取最大市场份额和经济收益后，再考虑全产业链事宜。

2）提升和弥补企业核心竞争力

思拜恩的核心竞争力特点鲜明，研发端强，销售端弱。现阶段其核心竞争力与聚焦战略相匹配。若计划长期布局全产业链，需要在进一步加强研发端的科研能力基础上，逐步弥补产业链各环节对企业能力的要求。当思拜恩具备各产业链环节所需能力后，才可以支撑全产业链运营。

3）探索草莓果实种植售卖经验，合理分配资源和精力

由于草莓苗与草莓果实的天然关联属性，可以在聚焦草莓苗业务阶段适度探索草莓果的种植和售卖。但应注意，草莓苗和草莓果是两个完全不同的细分市场，行业特点、细分行业对企业能力的要求、消费对象需求等完全不同。为长期回归全产业链经营，可以适度探索草莓果领域的种植和售卖。但探索应适度，不应分散原本集中在苗领域的资源和精力。

第四节 关键要点

一、聚焦战略的框架和应用

聚焦战略需要企业集中精力和资源，以自己最强的力量去攻击竞争对手薄弱环节，获得竞争优势并在市场中立足和持续发展。聚焦战略有其严格的分析框架，包括动机、目的、适用性、优点和缺点等。思拜恩提供了应用聚焦战略的真实企业案例，学习者应在学习过程中严格按照理论框架展开分析，体会理解聚焦战略的具体内容。

二、聚焦战略对企业核心竞争力的要求

聚焦战略对企业核心竞争力的要求体现在"一招制敌"，特别适合中小型或研究型的企业应用。"一招制敌"就要求企业在某一方面的能力较竞争对手具有绝对优势。在战略实施过程中，要不断凝练该项竞争力，发挥其更大优势。应用聚焦战略切忌企业核心竞争力分散，导致"一招制不了敌"，还需要第二招，甚至第三招，那么就失去了聚焦战略的优势。

案例二分析

第一节 适用课程与教学目的

一、适用课程

本案例适用于"战略管理"课程教学。

二、教学目的

本案例以大连凯洋世界海鲜股份有限公司（以下简称大连凯洋）为研究对象，复盘公司从 B2B 向 B2C 战略转型过程中的成就与挫折，深入分析其经验和教训，旨在帮助学生学习和运用成本领先战略和差异化战略，理解和运用从成本领先战略到差异化战略的战略转型，理解核心竞争力对企业战略的支撑作用。

第二节 分析思路

本案例的分析思路主要依据战略管理理论中的成本领先战略和差异化战略展开，分析理解大连凯洋从 B2B 到 B2C 的战略转型历程，探讨不同战略着力点的异同。同时，案例还将着重分析企业核心竞争力对战略的支撑作用，进而说明不同战略对企业能力要求的差别。本案例包含案例情节、知识点和启发思考题（见图 2-2-1）。案例使用者可基于相关理论，讨论分析案例情节，逐一回答启发思考题。

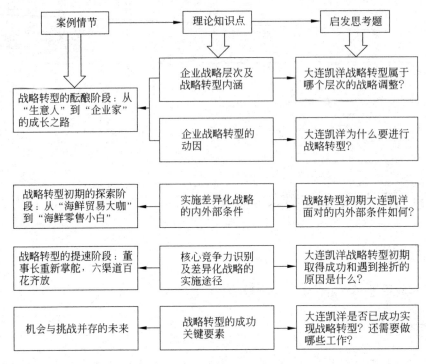

图 2-2-1 案例分析思路

第三节 理论依据与分析

一、大连凯洋战略转型属于哪个层次的战略调整？

1. 企业战略层次

企业的战略层次主要三个层面，分别公司层战略、经营层战略和职能层战略（见图 2-2-2）。

1）公司层战略也称为总体战略，是企业最高层次的战略，它需要根据企业的目标，选择企业可以竞争的经营领域，合理配置企业经营所必需的资源，使各项业务相互支持、相互协调，主要可以分为发展战略、稳定战略和收缩战略。

2）经营层战略包括成本领先战略、差异化战略和集中化战略（也称聚焦战略）。成本领先战略，是指企业通过有效途径降低成本，使企业的总成本低于竞争对手的成本，甚至达到同行业中最低的成本，进而获取竞争优势的一种战略。成本领先战略，要求企业全面控制成本，从研发、采购、生产、销售等各个环节上降低费用，同时探索高效、规模化的生产模式，确保企业的总成本低于竞争对手，甚至在对手已无利可言的状况下仍然有利可图。

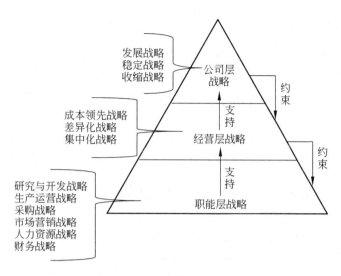

图 2-2-2　不同层次战略类型及转型之间的关系

差异化战略,是指企业为使其产品与竞争对手产品有明显的区别,而采取生产与众不同产品的一种战略。这种战略的核心是获得某种对顾客有价值的独特性。实现差异化战略的方式有多种类型,如产品技术特点、外观特点、品牌形象、客户服务等其他方面的独特性。当然,最理想的情况是公司在几个方面都有其差异化的特点。

聚焦战略,指公司把优势资源集中于某一个特定的细分市场,并且在该特定的市场建立起竞争优势,进而比竞争对手更好地赢得这一特定市场的顾客,并以此获取较高的收益率。公司设定聚焦战略的基础是:公司业务专一,并且能够以高效、优质的服务满足某一特定市场的客户需求,从而超过较广阔市场内的其他竞争对手。

波特认为,这些战略类型的目标是使企业的经营在市场竞争中脱颖而出,进而获得较高的收益。上述三种战略选择的适用性见表 2-2-1。

表 2-2-1　基本竞争战略选择的适用性

适用条件	成本领先战略	差异化战略	聚焦战略
大众市场	·消费者对价格敏感 ·产品同质化程度高 ·价格竞争激烈 ·资源型大公司	·消费者对价格不敏感 ·产品具有独特性 ·资源型大公司 ·注重研发和市场两端	无效
小众市场	无效	同大众市场	·目标市场有增长潜力 ·竞争对手很难满足顾客特殊需求 ·小众市场 ·中小企业

3)职能层战略主要是指各个职能部门所实施的战略,围绕企业业务流程,主要包括研究与开发战略、生产运营战略采购战略、市场营销战略、人力资源战略和财务战略。

2. 企业战略转型内涵

企业战略转型是指企业长期经营方向、运营模式及其相应的组织方式、资源配置方式的整体性转变，是企业重新塑竞争优势、提升社会价值，达到新的企业形态的过程。企业主动预见未来，实行战略转型，企业分析、预见和控制转型风险对于转型能否成功至关重要。

大连凯洋的企业战略转型属于企业经营层面的战略转型，公司总战略仍是积极的发展战略。

2000年，大连凯洋的前身大连凯林水产加工厂在大连湾成立，公司以海鲜进出口贸易起家，主营水产品加工及海鲜销售。2005年，公司拓展经营领域，开始运营大型冷库业务，并依托冷库平台，与30多个国家的海鲜企业建立了业务往来。公司凭借其强大的海鲜产品资源整合能力、良好的供应链体系及先进的仓储冷冻等优势，不断发展壮大，慢慢成长为一家众多消费者喜爱的全球海鲜食材供应商。

从2005年开始，公司管理层决定向海鲜贸易产业链的下游拓展，即开发并推广自己的海鲜品牌。2009年，大连凯洋世界海鲜礼盒有限公司成立，公司开始尝试以"世界海鲜礼盒"为主打产品进行从B2B到B2C的战略转型，即从成本领先战略向差异化战略转型。

二、大连凯洋为什么要进行战略转型？

企业战略转型既受来自外部环境的压力，也受企业内部的驱动，战略转型的动因可分为外部动因和内部动因。

1）外部动因

企业战略转型的外部动因是指迫使企业转变发展方向的外部环境。企业在发展过程中，自身不断与外界环境进行信息与能量交换，因政治环境、经济环境、人文环境、技术环境等因素的改变，企业的经营状况会随之发生变化，进而导致企业战略目标、经营领域等发生改变。因此，外部环境的变化在很大程度上影响着企业的行为，改变着企业的竞争策略。

2）内部动因

企业战略转型的内部动因多而复杂，主要包括企业资源和能力变化、高管层决策变化、企业生命周期第二曲线推动等。

企业资源与能力。资源和能力是支持企业战略的基础要素，与企业发展战略最匹配的资源与能力能够支撑战略的执行效果，获取竞争优势。随着企业能够获取的资源的变化，以及自身能力的成长和衰退，其能够支撑的战略选择也随之发生改变。

企业管理层。战略转型从本质上是一种选择与判断，这种选择与判断会受其所在的社会局限、企业目标和偏好的约束。作为决策层的企业高管层，其主观意愿在选择企业战略时影响巨大。战略转型是企业高管层作为战略决策者对企业发展方向改变的认知与理解。

企业生命周期阶段。战略转型是企业生命周期中获取新的增长点的有效途径（如图 2-2-3 所示）。企业成长与发展史演进与变革的过程，在出生、成长、成熟、衰退的不同阶段，价值取向和战略方向有所不同。英国管理学大师查尔斯·汉迪在其所著《第二曲线：跨越"S型曲线"的二次增长》一书中提出第二曲线理论。他认为每个组织在企业生命周期内都会有繁荣和衰败，组织的生命发展轨迹实际是一条"S"型曲线。企业为了避免衰败，必须跨越现有的"S"型曲线，即在第一条"S"型曲线消失之前开始一条新的"S"型曲线，也就是"第二曲线"。

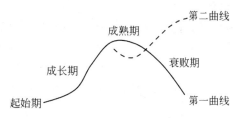

图 2-2-3　企业生命周期的第二曲线

大连凯洋是一家集世界海鲜产品捕捞、冷链、加工、研发、销售、保税仓储、进出口贸易及转口贸易为一体的综合性上市企业，主营野生、海捕、船冻的世界海鲜系列产品。大连凯洋依托海鲜贸易资源以及保税区冷库的独特优势，和 30 多个国家的数百家海鲜贸易企业建立了业务联系。大连凯洋基于信息共享，整合海鲜市场资源，把越来越多优秀的世界海鲜产品引进到中国。

随着公司管理层对整个海鲜行业产业链认知的深入，魏洋及其高管团队开始认真思考如何在原有的海鲜贸易业务资源基础上，向产业链下游拓展，即开发并推广自己的海鲜品牌，实现企业由 B2B 业务向 B2C 业务的战略转型。

大连凯洋战略转型的动因分析如下。

1）外部动因

（1）自 2001 年中国加入世贸组织后，关税降低和市场的进一步开放使得中国渔业国际化程度显著提高，水产品贸易在进口和出口方面都呈现出了高速增长的态势，国内海鲜消费市场对进口海鲜的需求增长迅猛；

（2）伴随消费升级，消费者对优质蛋白的需求日益旺盛。追求健康生活人群，对以海鲜为代表的优质蛋白的需求逐渐增大；

（3）海鲜进出口贸易业务市场集中，进一步增长受限。虽然 2002 年起我国水产品出口总量跃居世界首位，但是日、美、韩和欧盟四大出口市场的出口总额超过我国水产品出口总额的 85%，极大限制了我国出口贸易企业的进一步发展。

2）内部动因

（1）企业资源与能力。2000 年以后，大连凯洋成为一家集世界海鲜产品捕捞、冷链、加工、保税仓储、进出口贸易及转口贸易为一体的综合性企业。公司不仅有充足的冷库资源，还与全球百余家知名捕捞企业形成长期稳定的战略合作关系。大宗贸易与保税冷库能够确保大连凯洋品类丰富和质优价廉的海鲜原料供应，为开展零售业务提供了产品品类丰富且价格低廉的竞争优势。

（2）企业管理层。虽然世界各地的渔业资源丰富，但全球渔业捕捞资源几乎都在英国人手里。同时，渔业的贸易资源又主要掌握在日本人手里。行业特点导致像大连凯洋一样的众多中国海鲜贸易商只能充当海鲜"搬运工"的角色，难以在产业链的高利润环节开展业务。随着公司的不断发展壮大，魏洋及其团队越来越不满足于为他人做嫁衣的这种商业模式，也希望凭借自己的努力去改变海鲜"搬运工"的现状，试图建立并打造自己的海鲜品牌，实现企业更大的价值。

（3）企业生命周期阶段。大连凯洋在战略转型前的核心业务是B2B的海鲜贸易业务，已处于发展成熟阶段，贸易业务运行稳定。为追求新的发展赛道，企业需要寻找第二曲线，因此选择了从B2B到B2C的战略转型。

三、战略转型初期大连凯洋面对的内外部条件如何？

1. 实施差异化战略的外部条件

1）有很多途径可以创造企业与竞争对手产品之间的差异，并且这种差异被顾客认为是有价值的；
2）顾客对产品的需求和使用要求是多种多样的，即顾客需求是有差异的；
3）采用真正能够保证企业是"差异化"的差异化途径的竞争对手很少；
4）技术变革很快，市场上的竞争主要集中在不断地推出新的产品特色。

2. 实施差异化战略的内部条件

1）具有很强的研究开发能力，研究人员要有创造性的眼光；
2）企业具有以其产品质量或技术领先的声望；
3）企业在某一行业内历史悠久或经验丰富；
4）很强的市场营销能力；
5）研究与开发、产品开发以及市场营销等职能部门之间要具有很强的协调性；
6）企业要具备能吸引高级研究人员、创造性人才和高技能职员的物质设施。

1. 大连凯洋实施差异化战略的外部条件

1）有很多途径可以创造企业与竞争对手产品之间的差异，并且这种差异被顾客认为是有价值的。大连凯洋利用"海鲜礼盒"的卖点，创造了企业与竞争对手产品之间的差异,且差异化的产品被有礼品需求的消费者认可。

2)顾客对产品的需求和使用要求是多种多样的,即顾客需求是有差异的。顾客对海鲜产品的需求和使用要求是多种多样的,有的顾客购买海鲜是为了自己食用,也有顾客希望购买高档海鲜用于送礼。大连凯洋的"海鲜礼盒"满足了第二类细分市场的客户需求。

3)采用类似差异化途径的竞争对手很少,即真正能够保证企业是"差异化"的。大连凯洋是第一个采用"海鲜礼盒"的形式售卖海鲜的公司,当时没有其他采用类似产品形态的竞争对手,在一定时期内保证了产品是"差异化"的。

4)技术变革很快,市场上的竞争主要集中在不断地推出具有新特色的产品。大连凯洋立足于海鲜大宗贸易,以全球渔业深海捕捞资源为后盾,能够时常推出国内消费者未见过的较为新奇的海鲜品种,能够满足需要变换花样追求新意的礼品市场。

2. 大连凯洋实施差异化战略的内部条件

1)具有很强的研究开发能力,研究人员要有创造性的眼光。大连凯洋的营销人员创造出了类似的"谢天谢地""千恩万谢"等各种富有创意名称的"凯洋世界海鲜礼盒",满足了礼品市场情感表达的需求。

2)企业具有以其产品质量或技术领先的声望。大连凯洋主打"野生、海捕、船冻"的海鲜产品,其质量在行业内处于领先地位。

3)企业在某一行业内历史悠久或经验丰富。大连凯洋在海鲜贸易行业拥有长期经验积累,对行业痛点和产品特点较竞争对手有更为深刻的理解。

4)很强的市场营销能力。在主打礼品市场的特通渠道,大连凯洋具备较强的市场营销能力。创始人及团队能够通过特通市场的销售渠道来销售海鲜礼盒。

5)研究与开发、产品开发以及市场营销等职能部门之间要具有很强的协调性。在转型初期,海鲜礼盒不需要深度研发,仅需将原有海鲜品种进行整合。魏洋主导了海鲜礼盒的创新,充分了解礼品市场的客户需求。保税冷库精准提供了原料品种和供货情况的实时信息。在这一阶段,产品研发和市场销售之间的互动效率较高,协调性较强。

6)企业要具备能吸引高级研究人员、创造性人才和高技能职员的物质设施。在转型初期,此项不属于大连凯洋实施差异化战略的内部条件。

基于上述内、外部条件分析,大连凯洋在战略转型初期基本符合差异化战略的实施条件,具备从成本领先战略向差异化战略转型的内、外部环境。

四、大连凯洋战略转型初期取得成功及遇到挫折的原因各是什么?

1. 核心竞争力识别

核心竞争力是指能够为企业带来比较竞争优势的资源,以及资源的配置与整合方式。随着企业资源的变化以及配置与整合效率的提高，企业的核心竞争力也会随之发生变化。

企业核心竞争力的识别标准有四个：①价值性。这种能力首先能很好地实现顾客所看重的价值，如能显著地降低成本、提高产品质量、提高服务效率等，从而给企业带来竞争优势；②稀缺性。这种能力必须是稀缺的，只有少数的企业拥有它；③不可替代性。竞争对手无法通过其他能力来替代它，它在为顾客创造价值的过程中具有不可替代的作用；④难以模仿性。核心竞争力还必须是企业所特有的，竞争对手难以模仿的。它不像材料、机器设备那样能在市场上购买到，而是难以转移或复制的。它的这种难以模仿的能力能为企业带来超过平均水平的利润。

2. 差异化战略的实施途径

差异化战略的核心是取得某种对顾客有价值的独特性。企业要突出自己产品与竞争对手之间的差异性，主要有四种基本的途径。

1）产品的差异化

产品的差异化指企业为向市场提供的具有其他产品不具备的特性和不可比拟的高质量的产品所采取的战略。产品差异化的主要因素有特征、工作性能、一致性、耐用性、可靠性、易修理性、式样及设计。

2）服务的差异化

服务的差异化是指企业在订货、交货、安装、客户服务、客户咨询、维修等多种服务上与竞争者有所区别，从而使企业拥有别具一格的良好形象。

3）人事的差异化

人事的差异化战略是差异化战略的形式之一，是指通过聘用和培训比竞争者更为优秀的人员以获取差别优势。训练有素的员工应能体现出六个特征：胜任、礼貌、可信、可靠、反应敏捷、善于交流。

4）形象的差异化

形象差异化战略是指在产品的核心部分与竞争者类同的情况下塑造不同的产品形象以获得差别优势。形象就是公众对产品和企业的看法和感受。塑造形象的工具有名称、颜色、标识、标语、环境、活动等。

3. "成本领先战略"和"差异化战略"对企业核心竞争力的要求

B2B业务的企业一般采用成本领先战略，要求企业具备不断降低生产成本、提高生产效率的能力。选择成本领先战略的企业在经营过程中普遍追求"薄利多销"，以自身产品低成本的优势，采用低毛利、高周转的销售模式，这与实行差异化战略企业的商业逻辑相差较大。

B2C业务的企业一般采用差异化战略，要求企业具备打造独具特色的品牌、提升品牌价值的能力，为企业带来较高的收益率。采取差异化战略的公司，满足了细分市场的客户需求，在面对行业竞争时在特定市场较竞争对手更为有利。

"成本领先战略"和"差异化战略"对企业核心竞争力的要求不同，如不能及时调整企业能力以满足差异化战略的要求，可能会陷入差异化战略的限制。

1）可能丧失部分客户。因差异化战略目标满足特定市场群体的需求，而非成本领先战略目标的大众市场，会导致丧失原本的部分客户。

2）用户所需的产品差异因素下降。当用户变得越来越老练时，对产品的特征和差别体会不明显时，就可能发生忽略差异的情况。

3）大量的模仿缩小了用户的差异体验感。当产品发展到成熟期时，竞争对手很容易通过逼真的模仿，减少同类产品之间的差异化程度。

4）过度差异化导致企业成本大幅上升等不利后果。

1. 大连凯洋在战略转型初期的核心竞争力

大连凯洋在战略转型初期，其竞争力主要体现在获取低成本优质海鲜的能力和在海鲜礼品细分市场的品牌影响力，具体表现在远洋捕捞资源、自营保税冷库、礼品特通渠道以及海鲜产品营销团队。

参照企业的核心竞争力的四个标准——价值性、稀缺性、不可替代性、难以模仿性，逐一鉴别大连凯洋的核心竞争力。

1）远洋捕捞资源

（1）价值性：极具价值。我国具备远洋捕捞资质和能力的企业屈指可数，在这一原料端，大连凯洋拥有其他企业无法比拟的优势。

（2）稀缺性：极具稀缺性，主要体现在，捕捞资质难以获得和全球深海捕捞船队资源有限。

（3）不可替代性：被替代的可能性较小。深海野生海鲜难以通过其他途径获得。

（4）难以模范性：难以模仿。大连凯洋的远洋捕捞资源是公司多年积累的结果，具备先发优势。公司与全球百余家知名捕捞企业形成长期稳定的战略合作关系，在短时间内很难被模仿。

2）自营保税冷库资源

（1）价值性：具有一定价值。保税冷库的价值体现在两个方面：保证大连凯洋产品供应的稳定性和在海鲜产品价格波动周期中逢低买入海鲜，平抑原料采购价格，降低产品成本。

（2）稀缺性：具有一定稀缺性，全国具有保税资质的冷库数量有限，需要一定的资源和资金才可建成。

（3）不可替代性：具有一定的不可替代性。保税冷库是进口海产品产业链的重要环节，一般海产品贸易企业难以脱离对保税冷库的依赖。

（4）难以模范性：可以被模仿。竞争对手可通过整合资源，在其他保税港建立或租用保税冷库。

3）礼品特通渠道

（1）价值性：具有一定价值。满足了高端海鲜礼盒这一细分市场的需求。

（2）稀缺性：稀缺程度不高。全国范围内礼品特通渠道数量和规模庞大。

（3）不可替代性：被替代可能性较大。礼品亦可以在各种常规销售渠道售卖。

（4）难以模范性：容易被模仿。竞争对手亦可以效仿进入礼品特通渠道销售。

4）海鲜产品营销团队

（1）价值性：具有一定价值。海鲜产品营销团队有多年的行业经验，但是这些经验多是 B2B 的销售经验，而 B2C 的销售经验相对不足。

（2）稀缺性：具有一定稀缺性。多年从事于海产品销售的专业人才数量有限，从业人员需要一定时间的学习和经验积累，才能深度了解海鲜产品品类并把握市场行情。

（3）不可替代性：在战略转型初期 C 端销售团队可以被替代。由于 C 端销售与 B 端销售特点不同，在战略转型初期，大连凯洋原 B 端销售团队尚未形成 C 端的强大销售能力，可通过与 C 端销售公司合作的方式替代现有团队。

（4）难以模范性：可以被模仿。其他海鲜销售公司可通过招聘、培训、合作等途径建立属于自己的海鲜产品营销团队。

综上，通过鉴别，在战略转型初期，大连凯洋的竞争力由强到弱排序为远洋捕捞资源、保税冷库资源、海鲜产品营销团队、礼品特通渠道。其核心竞争力主要集中在"远洋捕捞资源"和"保税冷库"这两个领域。因此，在战略转型初期，大连凯洋在除特通渠道外的 C 端品牌打造和营销能力的相对不足，与差异化战略对于企业核心竞争力的要求不匹配。若不在 C 端销售能力方面快速成长，可能会影响大连凯洋进一步的战略转型实施效果。

2. 大连凯洋差异化战略的实施途径

大连凯洋的差异化战略在战略转型初期主要体现在"产品差异化"和"形象差异化"两个方面。

1）产品差异化

在大连凯洋战略转型初期，海鲜市场产品主要以人工养殖和近海捕捞为主。这两种海鲜产品虽然供货稳定且价格亲民，但是在营养成分、口味、口感等方面不及野生捕捞的海鲜产品。大连凯洋结合自身产品特点，主打"野生、海捕、船冻"的产品特色，与市场中现存产品相区分，体现产品差异化。

野生：精选全球原生态纯净海域自然生长的深海海鲜；

海捕：专业捕捞船队在世界各地优质海域在最肥美的季节执行捕捞作业；

船冻：捕捞上船后，直接在船上进行清洗、去脏、封包、冷冻，最短时间最大程度锁住海鲜营养和风味。

2）服务差异化

大连凯洋战略转型初期未涉及服务差异化。

3）人事差异化

大连凯洋战略转型初期未涉及人事差异化。

4）形象的差异化

大连凯洋战略转型初期，海鲜市场海鲜品牌众多，基本以散装、称重出售为主要销售模式。即使是高档的海鲜产品，包装也十分简陋，包装密封性较差，海鲜腥味四溢。因此，在当时，海鲜很少作为高档礼品进行销售。

大连凯洋瞄准这一契机，以海鲜礼盒为载体，试水海鲜 C 端零售业务。利用贸易的尾货及库存，把各种海鲜装进定制的泡沫箱中，不仅可以持续维持低温保鲜，泡沫箱良好的密闭性也阻止了海鲜腥味的外溢。同时，大连凯洋为泡沫箱进行精美包装，根据"蟹"字的谐音，以"感谢"为主题命名礼盒产品，如由俄罗斯虾夷扇贝丁、半壳虾夷扇贝、加拿大的北极贝，再配上螃蟹，组成的"加'贝'感'蟹'"礼盒。类似产品组合的礼盒还有"'蟹'天'蟹'地""千恩万'蟹'"等。"世界海鲜礼盒"这一新颖独特的售卖方式一经推出，立即成为消费者购买节假日礼品的新选择。

大连凯洋结合自身外部和内部条件，瞄准"高档海鲜礼品"这一细分市场，设计出独具创意的"世界海鲜礼盒"以满足客户需求，在 C 端市场初试成功。C 端产品销售额从零开始，爆发式增长。2011 年，在礼盒产品推出的第三年，年销售总额超过七千万元，大连凯洋在向差异化战略转型的初期取得成功。

3. 大连凯洋在战略转型初期取得成功和遭遇挫折的原因

1）大连凯洋战略转型初期取得成功的原因分析

本案例中大连凯洋为了追求高效益，选择从 B2B 到 B2C 的战略转型，实际上是其在海鲜贸易的成本领先战略到海鲜零售的差异化战略的转型。在转型初期，成本领先战略与差异化战略同时存在，在礼品市场，具有新意、质优价廉的海鲜礼盒是其转型初期成功的主要原因。

2）大连凯洋战略转型初期遇到挫折的原因分析

大连凯洋经历了 2009—2011 年的爆发式增长，2012 年特通渠道销售直线下滑，公司 C 端年销售额增长连年停滞。2014—2016 年，公司年销售额连续三年持续在 7 000 万元水平停滞不前，不但没有实现预期的增长目标，还因盲目扩张导致运营成本不断增加，整体利润空间不断被压缩。大连凯洋出现这些问题的主要原因如下。

（1）未能及时发展销售端能力，以支撑差异化战略

大连凯洋转型过程中出现销售额增长停滞不前的主要原因是没有及时弥补差异化战略对企业核心竞争力中市场营销能力的要求。公司在 2012 年开始扩张，在全国建立分公司，旨在模仿转型初期的海鲜礼盒销售模式。但由于政策变化，该销售渠道萎缩对公司销售业绩造成压力。同时，公司的上市工作也消耗了大量精力和资源。在继续发展企业市场端销售能力的黄金时期，大连凯洋没有在提升自身销售能力方面发力，限制了差异化战略的实施效果。

（2）陷入差异化战略的局限

①丧失了部分客户。大连凯洋转型初期 C 端产品的销售渠道相对单一，只有特通渠道、加盟代理以及直营店三种传统渠道。其中，特通渠道销售占比超过 60%，公司主要 C 端销售精力都集中在这一渠道，丧失了大众消费市场。因此，2012 年难以及时挽回原被放弃的大众消费市场。

②用户所需的产品差异因素下降。大连凯洋除海鲜礼盒产品外，少有其他 C 端新

产品推出。消费者在体验过礼盒产品后，对于产品的新奇体验逐渐降低，复购率开始下降。

③竞争对手模仿海鲜礼盒的销售方式。随着前期"世界海鲜礼盒"销售火爆，竞争对手开始模仿，推出类似的海鲜礼盒组合。大量模仿品缩小了其与大连凯洋产品的差异化程度，降低了消费者对大连凯洋海鲜礼盒的忠实度。

④公司成本大幅上升。为迅速开拓大连以外新市场，复制大连的礼盒销售模式。没有进行充分市场调研，大连凯洋就快速成立了沈阳及北京两家销售分公司，在短时间内招聘了两百多名员工。这次盲目扩张不仅没有给公司带来预期的销售增长，分公司的设立还导致企业整体运营成本上升大幅。另外，由于海鲜礼盒类产品的特点使C端销售具有季节性，仓储成本居高不下。

综上，大连凯洋没有在"世界海鲜礼盒"销售火爆之后把握机会迅速提升自身能力，而在分公司设立、三板上市方面分散了精力，陷入了差异化战略的局限，导致其在转型初期取得成功后遭遇进一步转型的困难。

五、大连凯洋是否已成功实现战略转型？还需要做哪些工作？

战略转型的成功关键要素

差异化战略对企业的能力要求主要集中在产品研发和市场销售两个方面。市场研发要求企业能够持续推出符合消费者需求的特色产品，不断更新迭代。市场营销要求企业能够迅速将差异化的产品价值充分传递给消费者，促成购买行为。差异化战略要求企业采用"重产品和销售，轻加工生产"的"哑铃型"经营模式（见图2-2-4）。

图2-2-4 "哑铃型"企业经营模式

通过前文对大连凯洋在战略转型初期核心竞争力的分析和鉴别可知，其核心竞争力主要集中在远洋捕捞渔业资源和保税冷库上。这两种核心竞争力有利于成本领先战略的实施，即B端的大宗海鲜贸易业务，却不适用于支撑差异化战略。魏洋重新掌舵公司后，大连凯洋在产品研发端和销售端的能力得到了迅速提高。现阶段，大连海洋正处于以成本领先战略为支撑的B端业务向以差异化战略为支撑的C端业务转型过程中，转型已初见成效，但仍要加强差异化战略对企业的能力要求，以彻底实现战略转型。

1. 需进一步提高符合市场需求的新产品开发能力

经过近两年的发展，大连凯洋新产品开发能力有了明显提升，开发出多款即食、轻食海鲜产品。这些深加工的轻食海鲜产品延伸了大连凯洋的产品链，丰富了产品品类，同时也满足了新媒体渠道对产品特点的要求。

然而，由于海鲜的产品属性，其品质差异难以被普通消费者识别。大多数消费者选购海鲜产品时，更看重价格因素。这一消费特点限制了大连凯洋的品牌溢价空间。虽然大连凯洋海鲜产品品质在行业中处于高端，但是现阶段的销售价格只能在中端到高端区间徘徊，货好价不高，对品牌的长期形象不利。这一挑战对公司的新产品开发能力有了更高的要求，要重视提升品牌形象，让消费者在初次购买之前就能够通过产品品类设计和包装设计体验到产品品质。

2. 需进一步提升市场营销能力

2018年以来，在全公司的共同努力下，大连凯洋的市场营销能力在"六大销售渠道"的布局下快速成长，年销售额也随之高速增长。然而，大连凯洋多渠道销售存在潜在挑战：东北地区外消费者对大连凯洋的品牌认知度相对不足，尚未形成全国性品牌；作为直接接触消费者的商超渠道，虽然近两年公司花费大量资源、精力进行品牌建设和推广工作，但与其他销售渠道相比，商超渠道销量增长乏力；以网红直播带货为代表的新媒体渠道销售增速明显，但与其合作的销售成本偏高，新媒体渠道的利润率有待提升。

基于上述分析，大连凯洋的差异化战略转型仍然要求其提升企业在产品研发和销售两端的竞争力，大连凯洋可以通过以下三种方式促进这两项竞争力快速提升。

①内部挖潜，提升产品研发和销售能力。大连凯洋可以通过对高管和相关员工进行针对性在岗培训，鼓励他们将学到的知识和理论在工作中不断实践、反思和总结，提升现有人才的职业素养和专业能力。2020年伊始，魏洋亲自在快手APP开起了直播卖货，短短两小时直播取得的销售业绩斐然，已说明企业有能力通过自我学习快速提升。现需加强公司全员的学习能力，进而达到整体能力提升。

②招聘和吸引优秀人才。大连凯洋可通过招聘途径，寻找相关领域的优秀人才，快速提升团队能力。同时，大连凯洋还需通过加强企业文化建设、完善薪酬体系等手段吸引优秀的人才主动加盟。

③寻求与外界合作。大连凯洋可以积极寻求与外界合作快速提升企业的核心竞争力。在产品深度开发、东北地区外销售渠道拓展、新媒体使用、品牌建设等方面可通过第三方合作，快速补齐能力短板，迅速实现完全转型。

以上三种方式中，企业核心竞争力获取速度依次提升，获取的稳定性依次下降。面对快速变化的市场需求，建议从与外界合作入手，快速补齐短板，但应注意在合作过程中学习提升，并逐步将借助的外部资源能力转化为自身的核心竞争力。

第四节 关键要点

一、成本领先战略和差异化战略的着力点

成本领先战略和差异化战略都是企业为了在竞争中占据有利地位，通过对自身及竞

争对手的系统分析，结合自身能力和优势制定的竞争战略。这两种战略在着力点上有明显的差异：成本领先战略追求"薄利多销"，利用较竞争对手价格更低的产品获取竞争优势，企业战略着力于不断降低成本、提高效率；差异化战略追求利用自身产品和服务的差异化特点满足消费者个性化需求，在特定细分市场较竞争对手获取竞争优势，企业战略着力点在品牌建设。

二、战略转型过程中核心竞争力的发展和提升

核心竞争力旨在使企业在竞争中保持和获得竞争优势，支撑战略实施。美国战略学家哈默认为："企业是一个知识的集体，企业通过积累过程获得新知识，并使之融入企业的正式和非正式的行为规范中，从而成为左右企业未来积累的主导力量。"企业间的竞争最终体现在核心竞争力的竞争，不断提升和发展自身核心竞争力，最终形成战略优势，是企业战略管理中的重点。

核心竞争力的提升有三种途径：①现有企业内部挖潜；②招聘和吸引优秀人才；③寻求外部合作。这三种方式的获取速度和稳定性不同。内部挖潜获得的核心竞争力最为稳定，而凝练过程一般较长。外部合作的能力获取速度最快，但最不稳定，同时有能力快速丧失的风险。招聘和吸引优秀人才介于两者之前。企业需依据自身的竞争形势选择核心竞争力提升的途径。无论选择哪种方式，都需注重自身核心竞争力的持续鉴别和凝练，使其逐渐发展成为企业的基因，进而形成战略竞争力。

案例三分析

第一节 适用课程与教学目的

一、适用课程

本案例适用于"企业战略管理"课程的"战略转型"章节。

二、教学目的

本案例是以丰宁平安高科实业有限公司(以下简称维乐夫集团)为背景,复盘菊粉这一肠道健康添加剂产业在中国从无到有、从小到大发展过程中的成就与挫折。深入分析其经验和教训,旨在帮助学生学习和运用成本领先战略和差异化战略,理解和运用从成本领先战略向差异化战略的战略转型,理解核心竞争力对企业战略的支撑作用。

第二节 分析思路

本案例以维乐夫集团的战略转型为研究内容,从企业战略转型的内涵及层次、企业战略转型的动因、企业战略转型的实施途径、企业战略转型成功的关键要素四个方面展开研究,深入剖析维乐夫集团从"种植加工型"企业到"食品快消"企业的转型过程,以核心竞争力为支撑,分析两种战略对企业能力要求的异同,进而探讨维乐夫战略转型的可行性和挑战。

首先,介绍维乐夫集团创始人钱晓国从"土豆大王"转型"菊苣大王"的创业过程,描述维乐夫在提取菊粉过程中的挑战以及在B2B市场取得的成就。帮助学生理解公司战略的三个层次,熟悉公司层面的战略调整对经营层面的战略形成的新约束,进而要求经营层面战略进行调整以支撑公司层面快速发展的战略要求。

其次,描述维乐夫集团在B端市场凭借价格优势迅速突破,一举占据30%的市场份额,帮助学生理解成本领先战略与企业核心竞争力之间的匹配关系。由于菊粉添加剂绝对需求量小,维乐夫规模化种植产量大,产能未能完全释放,这是迫使企业向C端市场延展的主要原因。本部分重点探讨维夫乐集团由成本领先战略转为差异化战略的动机。

再次，描述维乐夫集团在C端在差异化战略上的各种尝试，帮助学生理解差异化战略的实施路径。

最后，以判断维乐夫是否转型成功为思考，探讨差异化战略对企业能力的要求。通过分析两者的匹配程度来判断维乐夫战略转型的进程。

本案例的主要情节、教学知识点和启发思考题如图2-3-1所示。基于相关理论，讨论分析案例情节，进而逐一回答启发思考题。

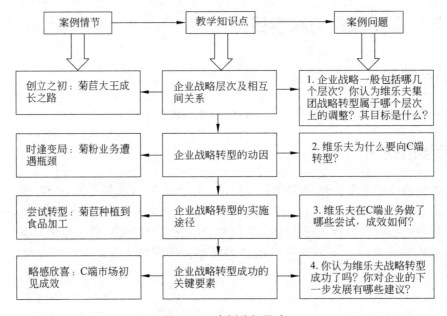

图 2-3-1　案例分析思路

第三节　理论依据与分析

一、企业战略一般包括哪几个层次？你认为维乐夫集团战略转型属于哪个层次上的调整？其目标是什么？

企业战略层次

企业的战略层次主要有三层，分别是公司层战略、经营层战略和职能层战略（见图2-3-2）。

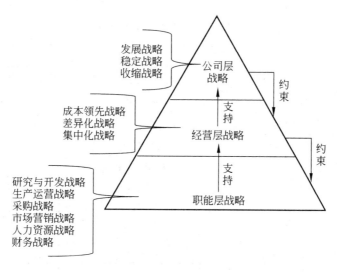

图 2-3-2　不同层次战略类型及转型之间的关系

1. 公司层战略

公司层战略也被称为总体战略,是企业最高层次的战略,它需要根据企业的目标,选择企业可以竞争的经营领域,合理配置企业经营所必需的资源,使各项业务相互支持、相互协调,主要可以分为发展战略、稳定战略和收缩战略。

2. 经营层战略

当公司层战略发生变化时,会对经营层面战略形成新的约束,因此,需要调整经营层战略以支持公司层战略变化的要求。

经营层战略主要包括成本领先战略、差异化战略和集中化战略(也称聚焦战略)。成本领先战略,是指企业通过有效途径降低成本,使企业的总成本低于竞争对手的成本,甚至达到同行业中最低的成本,进而获取竞争优势的一种战略。成本领先战略,要求企业全面控制成本,从研发、采购、生产、销售等各个环节上降低费用,同时探索高效、规模化的生产模式,确保企业的总成本低于竞争对手,甚至在对手已无利可言的状况下仍然有利可图。

差异化战略,是指企业为使其产品与竞争对手产品有明显的区别,而采取生产与众不同产品的一种战略。这种战略的核心是获得某种对顾客有价值的独特性。实现差异化战略的方式有多种类型,如产品技术特点、外观特点、品牌形象、客户服务等方面的独特性。当然,最理想的情况是公司在几个方面都有差异化的特点。

聚焦战略,指公司把优势资源集中于某一个特定的细分市场,并且在该特定的市场建立起竞争优势,进而比竞争对手更好地赢得这一特定市场的顾客,并以此获取较高的收益率。公司设定聚焦战略的基础:公司业务专一,并且能够以高效、优质的服务满足某一特定市场的客户需求,从而超过在较广阔市场内的其他竞争对手。

波特认为,这些战略类型的目标是使企业的经营在市场竞争中脱颖而出,进而获得较高的收益。上述三种战略选择的适用性如表 2-3-1 所示：

表 2-3-1　基本竞争战略选择的适用性

市场类型	成本领先战略	差异化战略	聚焦战略
大众市场	·消费者对价格敏感 ·产品同质化程度高 ·价格竞争激烈 ·资源型大公司	·消费者对价格不敏感 ·产品具有独特性 ·资源型大公司 ·注重研发和市场两端	无效
小众市场	无效	同大众市场	·目标市场有增长潜力 ·竞争对手很难满足顾客特殊需求 ·小众市场 ·中小企业

3. 职能层战略

职能层战略主要是指各个职能部门所实施的战略，围绕企业业务流程主要包括研究与开发战略、生产运营战略采购战略、市场营销战略、人力资源战略和财务战略。

目标：当经营层战略发生变化时，会对职能层战略形成新的制约，需要职能层战略进行相应的调整，以支撑经营层的战略。

企业战略管理本身就是一种层次化的管理，因此，战略转型通常是不同维度、不同层次的企业战略发生系统性的变化。高一级层次战略发生变化，会对低一级层次战略形成新的约束，需要调整低一层级战略以支持高一层级战略变化要求，以确保企业战略转型的高效实施，保障转型效果。

案例分析

企业的战略主要有三个层面，分别公司层战略、经营层战略和职能层战略。

维乐夫在公司层面的战略是"保存量，争增量"。从 B2B 向 B2C 的战略转型属于经营层面的调整，是在 B 端业务快速达到天花板，增长速度遭遇瓶颈后，为支撑公司层的发展战略，在 C 端寻求新的市场和更高溢价空间的战略转型。

在经营层面，维乐夫集团创始人钱晓国将创业前期规模化种植土豆积累的资本资源、土地资源、人力资源、技术设备资源与能力转移复制到菊苣种植上，而且通过菊粉提取技术和低聚果糖提取工艺的研发，使得维乐夫集团在国内菊苣行业中具有生产加工方面显著的成本领先竞争优势。具体表现为以下两点。

（1）菊苣种植成本低

菊苣种植的低成本来自两方面，分别是种植土地租金价格低和劳动要素价格低。土地租金低体现在丰宁县曾是国家级贫困县，有很多农民外出务工导致土地闲置，钱晓国作为本地人，他充分整合当地资源，利用当地政府的土地承包优惠政策，通过土地流转的方式，长期承包了大量土地，降低了土地成本。种植人力成本低体现在维乐夫集团多聘用当地农民，由于丰宁县为贫困县，劳动要素的价格比较低。

（2）掌握国内领先的菊粉提取技术

菊粉的提取技术长期垄断在欧洲三家巨头企业中，并且由于技术封锁，欧洲的企业从来都不会接受中国经销商去工厂参观的请求。当时国内有两家企业从事菊粉加工企业，但是只有以洋姜为原料进行菊粉提取的工艺，其生产工艺无法完全适用于从菊苣中提取菊粉。在企业面临困境之时，通过投入重金，聘请退休的欧洲菊粉三巨头公司之一的技术总监，维乐夫独创了"三步法"菊粉系列产品加工工艺技术。该工艺作为维乐夫的核心生产工艺，填补了国内高端菊粉和菊粉分级纯化工艺技术空白。

由此可以看出维乐夫集团在菊粉B端市场采取的成本领先战略已经取得阶段性成功，2016年时维乐夫集团已经占据菊粉B2B市场30%的市场份额。可由于B端菊粉市场规模远小于维乐夫的产能，使得公司面临销量进一步增长的困境。2020年，维乐夫集团的战略方向是"保存量、争增量"，保住稳定的B端市场的同时，在C端市场发力，寻找新的增长点。为支撑这一公司层战略，需要在经营层上从成本领先战略转型至差异化战略，向菊粉产业链的下游拓展，在新的市场获取市场份额和更高的溢价空间，以支撑维乐夫的快速发展需要。

二、维乐夫为什么要向C端转型？

战略转型的动因

企业战略转型的动力既受来自外部环境的压力，也受企业内部的驱动，战略转型的动因可分为外部动因和内部动因。

1. 外部动因

企业战略转型的外部动因是指企业所处的外部环境发生变化，迫使企业发展方向进行转型。企业在发展过程中，自身不断与外界环境进行信息与能量交换，其经营状况会随政治环境、经济环境、人文环境、技术环境等因素的改变而发生变化，进而导致企业战略目标、经营领域等发生改变。因此，外部环境的变化在很大程度上影响着企业的行为，改变着企业的竞争策略。

2. 内部动因

企业战略转型的内部动因多而复杂，主要包括企业资源和能力变化、高管层决策变化、企业生命周期第二曲线推动等。

1）企业资源与能力

资源和能力是支持企业战略的基础要素，与企业发展战略最匹配的资源与能力能够支撑战略的执行效果，获取竞争优势。随着企业能够获取的资源的变化，以及自身能力的成长和衰退，其能够支撑的战略选择也随之发生改变。

2）企业管理层

战略转型从本质上是一种选择与判断，这种选择与判断会受其所在的社会局限、企业目标和偏好的约束。作为决策层的企业高管层，其主观意愿在选择企业战略时影响巨大。战略转型是企业高管层作为战略决策者对企业发展方向改变的认知与理解。

3）企业生命周期阶段

战略转型是企业生命周期中获取新的增长点的有效途径（如图2-3-3所示）。企业成长与发展史演进与变革的过程，在出生、成长、成熟、衰退的不同阶段，价值取向和战略方向有所不同。英国管理学大师查尔斯·汉迪在其所著《第二曲线：跨越"S型曲线"的二次增长》一书中提出第二曲线理论：他认为每个组织在企业生命周期内都会有繁荣和衰败，组织的生命发展轨迹实际是一条"S"型曲线。企业为了避免衰败，必须跨越现有的"S"型曲线，即在第一条"S"型曲线消失之前开始一条新的"S"型曲线，也就是"第二曲线"。

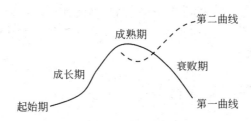

图2-3-3　企业生命周期的第二曲线

维乐夫集团在已经很成熟的B2B模式下遇到了企业销量增长的天花板，如何能够成功转型到B2C模式，实现产品销售的新突破，是集团目前面临的主要问题。

维乐夫集团战略转型的动因分析如下。

1. 外部动因

1）国内菊粉B端需求有限，限制企业销售收入大幅提高

维乐夫在B端迅速占领30%的市场份额后，基本遇到了增长的天花板。菊粉在乳制品和婴幼儿奶粉的添加绝对量很小，国内整体市场规模只有2 000吨，因此即使继续投入更多的资源和精力提升B端的市场份额，从竞争对手中抢夺现有市场，也很难继续大幅提高销售收入。

2）国内菊粉C端需求逐渐凸显

2016年1月5日，在清华园里，清华大学生命与医学校友会组织了一次关于肠道健康的青年沙龙，钱晓国作为行业代表被邀请做主题演讲。通过沙龙，钱晓国看到科学界和医学界对肠道健康的研究如火如荼，他感觉机会来了。科学和医学的制高点将会迅速使大众了解肠道健康的基础知识，进而带动菊粉的消费。随着肠道健康的研究越来越深，越来越广，维乐夫的机会也势必越来越多。大众市场将是维乐夫的发展方向。

与B端客户更关注价格要素相比，C端消费者对保健品和功能性食品的价格敏感程度不高，卖方可以获得更高的溢价空间和利润率。同时，市场中现有竞争对手没有以菊粉为主要原料的产品，维乐夫在这一细分市场更容易实现产品的差异化。

2. 内部动因

1）企业资源与能力。一是菊粉售价更低。与进口菊粉层层经销商代理的模式相比，维乐夫的资金成本、原料成本、土地成本、人力成本等生产要素支出更低。拥有自主知识产权的提取技术将菊粉的全产业链打通，形成了协同效应。采取工厂直销的模式，减少中间环节，销售费用相对更低。二是本土化的优质服务。欧洲菊粉巨头的销售主战场在欧美地区，中国市场不是其重点关注的市场。它们在中国的菊粉销售采用的是经销商代理制，仅关注产品的销售，几乎没有配套的服务可言。在销售流程上，经销商要先收取定金，然后到期交货，占用了买方的资金。针对竞争对手这一特点，维乐夫组建了自己的营销团队，通过上门服务，帮助客户企业进行产品培训和新品研发。本土化的优质服务，使维乐夫更贴近客户企业，对客户需求的响应速度更快，更有利于带动产品的销售。三是企业产能尚未完全释放，需大幅提高销售收入弥补前期投入、前期规模化种植和重资投入。维乐夫生产产能远大于现阶段B端的销售量。除菊粉外，菊苣的其他应用渠道有限，闲置产能会延长固定投资的摊销时间。因此，维乐夫需要寻找新的渠道大幅提高销售收入，缩短摊销周期。

2）企业管理层。钱晓国认为菊粉是肠道益生菌的好"粮食"，只要能够通过各种食品，通过各种渠道把它添加到食物里面去，在食物口味不变的情况下，让人们摄入膳食纤维，就能够通过调节肠道平衡、降低血糖、降低血脂，从而获得健康，这也是维乐夫的价值和使命所在。

3）企业生命周期阶段。维乐夫集团在战略转型前的核心业务是B2B的菊粉业务，已处于发展成熟阶段，业务运行稳定。为追求新的发展赛道，企业需要寻找第二曲线，因此选择了从B2B到B2C的战略转型。

三、维乐夫在C端业务做了哪些尝试？成效如何？

差异化战略的实施途径

1. 产品的差异化

产品特性的差异化指企业为向市场提供其他产品不具备的特性和不可比拟的高质量产品所采取的战略。产品具有区别他人的特点和质量，能产生较高的产品价值，进而提高销售收入，获得比对手更高的利润。

产品差异化的主要因素有特征、工作性能、一致性、耐用性、可靠性、易修理性、式样及设计。

2. 服务的差异化

服务差别化就是企业在订货、交货、安装、客户服务、客户咨询、维修等多种服务上与竞争者所区别，从而使企业拥有别具一格的良好形象。

3. 人事差异化

人事差异化战略是差异化战略的形式之一，是指通过聘用和培训比竞争者更为优秀的人员以获取差别优势。训练有素的员工应能体现出六个特征：胜任、礼貌、可信、可靠、反应敏捷、善于交流。

4. 形象的差异化

形象差异化战略是指在产品的核心部分与竞争者类同的情况下塑造不同的产品形象以获得差别优势。形象就是公众对产品和企业的看法和感受。塑造形象的工具有名称、颜色、标识、标语、环境、活动等。

通过学术带动销售、成立维乐夫食品研究院开发适应不同人群和场景的功能性食品、开发特色文创食品打造维乐夫品牌等尝试，维乐夫在C端的努力初见成效，但还没有进入快速增长阶段。对维乐夫在C端的差异化战略实施路径分析如下。

1. 产品的差异化

维乐夫产品的差异化特征明显，具有市场中现有其他产品不具备的特点。现存市场中调节肠道健康的产品少有以菊粉作为原料，而规模化菊粉生产企业尚未进入C端保健品和功能性食品市场。

维乐夫集团成立了"维乐夫食品研究院"，为全面进入C端市场做准备。研究院的首要任务是通过开发包括肠道健康、慢性病预防调理以及控制体重在内的功能性产品，将菊粉引入人们的日常饮食中，帮助改善人体肠道微生态，打造国人健康肠道。

研究院将健康代谢问题分为2型糖尿病、血压、血脂、痛风和肥胖五类，针对性地研发了各种功能性食品，注册了一百多个子品牌，计划择机将新产品逐步投入市场。

2. 服务的差异化

在医疗和文创的渠道销售上，维乐夫的服务有一定的差异化。借助医疗机构提升产品的信任度，降低消费者教育成本，针对性地为消费者提供服务。中国马镇的文创产品渠道能够大幅降低获客成本，带动后期持续销售，提高复购率。

维乐夫集团与北京协和医院等医学研究机构进行了菊粉的医学临床和机理性研究，通过医疗渠道建议患者将菊粉作为辅助改善疾病的食品长期服用。同时，以这些研究成果作为基础，为下游企业开发肠道健康食品提供支持。下游企业只要选择维乐夫的菊粉作为原料，维乐夫就会将研究结果授权给下游企业使用，增加下游企业市场推广的产品信任度。

维乐夫借助医学研究的推广模式初显成效，该方式针对性提升了消费者对菊粉功能的认知和信任度，降低了消费者教育成本。医疗渠道现阶段已占到维乐夫C端菊粉销售总额的70%，且增长迅速。

与中国马镇旅游度假区合作，针对景区主题推出添加菊粉的马夫饼、马粪球、高纤奶贝、菊粉时代等特色文创食品，同时赋予每种产品历史故事以配合景区游览。下一步维乐夫计划将中国马镇的文创食品销售经验推广到全国景区，拓宽C端销售渠道。

3. 人事差异化

人事差异化在一定程度上支撑了差异化战略的执行和效果，维乐夫在人事差异化方面体现尚不明显，与其所处的地理位置、企业发展阶段、产业特征有关，未来应在此方面有所提升。

4. 形象的差异化

维乐夫专注肠道健康的企业形象，维乐夫的命名源于菊苣的外文"witloof"，企业logo、宣传语、产品包装、颜色、标识等都与竞争产品具有一定的差异化。然而，需要注意的是，维乐夫一词难以使中国一般消费者产生直观感受，产品的特点、功能、效用等没有被直接表达，需要借助宣传口号和宣传用语进一步阐述。企业的形象差异化初现，仍需进一步强化。

综上，维乐夫在C端的品牌打造和销售方面做了很多尝试，取得初步成效，但尚未进入快速增长期。

四、维乐夫战略转型是否成功？其下一步该如何发展？

战略转型的成功关键要素

企业的战略转型发展过程就是不断对内外条件变化进行动态平衡的过程。战略转型成功的关键在于企业能够持续拥有目标战略的竞争优势，而企业的战略竞争优势主要依赖于企业的核心竞争力，企业核心竞争力主要是由企业利用独特的或者出众的资源和能力塑造而成。

企业实施差异化战略是使企业提供的产品或服务标新立异，有别于竞争者而具有鲜明的个性或特色，以创造和提升企业竞争优势的战略。差异化战略对企业的能力要求集中在研发和销售两端。研发端要求企业能够持续不断地推出新的产品，提升与竞争对手的产品差异化程度。销售端要求企业能够持续塑造与竞争对手具有差异化的品牌形象和强大的零售端市场销售能力，通过差异化产品提升溢价空间，快速回流研发投入，进而再度研发差异化产品，支撑市场端的销售行为。具体而言，差异化对企业的能力要求如下：

（1）具有很强的研究与开发能力和保障措施，研究人员要有创造性的眼光。

（2）企业具有以其产品质量或技术领先的能力和声望。

（3）企业在这一行业有悠久的历史，或吸取其他企业的技能并自成一体。

（4）企业有很强的市场营销能力。

（5）研究与开发、产品开发以及市场营销等职能部门之间要具有很强的协调性，企业具有很强的产品研发能力。

差异化战略对企业的能力要求主要集中在产品研发和市场销售两个方面。市场研发要求企业能够持续推出符合消费者需求的特色产品，不断更新迭代。市场营销要求企业能够迅速将差异化的产品价值充分传递给消费者，促成购买行为。差异化战略要求企业采用"重产品和销售，轻加工生产"的"哑铃型"经营模式。

1. 你认为维乐夫战略转型是否成功？

维乐夫战略转型取得初步成效，转型势头良好，仍处于转型过程中，尚未完全实现由 B2B 业务向 B2C 业务的转型。

研发端要求企业能够持续不断地推出新的产品，提升与竞争对手的产品差异化程度，在这方面维乐夫已基本形成了具有创新性的产品研发能力。

销售端要求企业能够持续塑造与竞争对手具有差异化的品牌形象和强大的零售端市场销售能力，通过差异化产品提升溢价空间，快速回流研发投入，进而再度研发差异化产品，支撑市场端的销售行为。在这一方面，维乐夫的 C 端销售能力正在发展过程中，已积累了一定的经验，仍需进一步凝练和强化。具体而言，维乐夫的医疗渠道和文创渠道的销售增长较快，提出"维乐夫-inside"概念，通过产品标识向终端消费者渗透品牌理念，塑造品牌形象。然而，医疗渠道和文创渠道严格意义上来讲属于小 B 端，并非完全属于真正的 C 端市场。目前来看，维乐夫已经基本完成由提供原料的大 B 端业务向菊粉零售产品的小 B 端转型，下一步将继续推进，最终实现 C 端销售。

2. 对企业的下一步发展有哪些建议？

维乐夫发展初期聚焦 B 端业务，采用成本领先战略并取得成功，发展了凝聚了成本领先战略要求的不断降低生产成本、提升生产效率的企业能力和竞争力。在向 C 端的转型过程中，应当发展和凝练差异化战略要求的企业能力和竞争力。原有企业能力可以为维乐夫的 C 端市场提供低成本优势，但不利于品牌打造。维乐夫需集中资源和精力，重点在研发端和销售端提升自身竞争力。

1）深度挖掘潜在消费者需求，针对性地提高产品研发能力

维乐夫集团成立的维乐夫食品研究院，针对不同人群开发了众多零售产品，这些产品尚未实际推入市场。已研发的产品种类众多，可能会分散研发资源和精力。建议维乐夫对潜在消费者进行深度调研，针对性挖掘其核心需求，在功能性食品领域首先打造类似"养乐多"的爆款产品，快速占领市场份额，树立品牌形象，再通过品牌延展，有节

奏地推出各功能性产品，逐步形成围绕各类别消费群体的产品体系。

2）提升终端市场营销能力

维乐夫以生产型企业起家，C端销售能力是其短板。近年来，维乐夫集团在C端渠道做了一些尝试，取得初步成效，但增长速度不足以支撑前期硬件设备、技术研发的巨额投入和产能的完全释放。维乐夫可尝试通过以下渠道提升C端市场的销售能力。

（1）内部挖潜，加强企业现有人才的培养和能力提升。组织企业高管和营销团队针对性地学习营销知识，在新零售时代下通过自媒体实现弯道超车。钱晓国本人已开始尝试在快手直播带货，初期效果很好，可延此路径继续发展和深入。

（2）吸引和招聘营销人才。新冠疫情加速了企业组织模式的变革，云办公和远程管理技术已基本完善。原地理位置偏僻对企业人才招聘的局限性在削弱。销售工作的特点使员工并不需要固定在企业所在地工作。因此，可以通过股权激励、完善薪酬体系等多种方式吸引招聘优秀的营销人才，快速提升团队的营销能力。

（3）与成熟的销售团队合作。短期内，可与市场中成熟营销团队合作，快速抢占C端市场，攻城略地，占领品牌制高点，在做大的蛋糕中实现双赢。

第四节　关键要点

（1）了解战略转型的内涵以及战略转型的层次。
（2）熟悉企业由成本领先战略向差异化战略转型的动因。
（3）掌握差异化战略的实施途径。
（4）分析企业战略转型过程中核心竞争力着力点的变动。

案例四分析

第一节 适用课程与教学目的

一、适用课程

本案例适用于"战略管理""创业管理"课程教学。

二、教学目的

本案例以云南傣御农业科技有限公司（以下简称傣御农业）为背景，复盘七彩野地花生这一特色品种从无到有，从小到大发展过程中的成就与挫折。引导学习者分析并理解差异化战略的理论内容及分析逻辑，深入理解核心竞争力与先行者优势对差异化战略的支撑作用。

第二节 分析思路

本案例的分析思路主要依据战略管理理论中的差异化战略展开，以核心竞争力和先行者优势为支撑，分析理解傣御农业创业历程，探讨现阶段已凝聚的核心竞争力，就其未来如何形成战略竞争力给出建议。

案例分析思路如下：

本案例以傣御农业的发展历程为切入点，回顾该公司创立发展的历程以及所面临的问题。以此引导学生了解竞争战略、先行者优势和核心竞争力对企业发展的重要作用。

首先，介绍创始人的个人背景和创业过程，描述傣御农业创业之初的产品选择和战略定位，启发学生理解行业选择对企业发展的重要性。

其次，通过介绍傣御农业的成长期，对其优势进行详细的分析和研究，选择与该企业产品独特的产品品类相适应的全产业链布局。引导学生理解差异化战略和先行者战略对企业成长的关键作用。

再次，描述企业壮大期所面临的困难和应对措施，有逻辑地分析企业发展期间遇到的诸多问题，抓住核心问题，确定先后，依次解决。使学生深入理解如何在此期间形成企业的核心竞争力。

最后，以企业未来发展机会与面临的挑战作为案例尾声，启发学生思考傣御农业未来的战略发展方向应作何调整，以及如何确保企业的核心竞争力。

案例详细分析思路与步骤如图 2-4-1 所示。

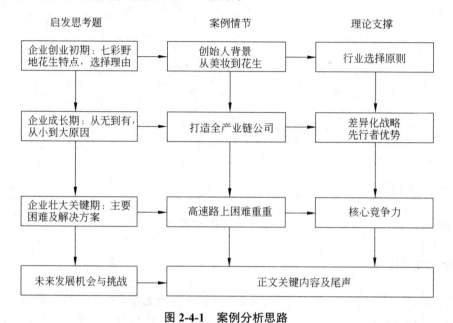

图 2-4-1　案例分析思路

第三节　理论依据与分析

一、七彩野地花生产品特点是什么？刘亚楠为什么会选择这个行业和产品？

行业选择原则，包括吸引力原则、相关性原则和差异化原则三种。行业吸引力原则强调选择平均利润率高、整体处于上升期的行业进入，这是产业组织理论的重要主张。相关性原则是指选择从自己熟悉擅长的行业进入，以最大限度提升创业的成功率。差异化原则一方面是指企业所提供产品或服务的细分领域在现有市场中竞争对手较少，能够在该市场细分领域独树一帜；另一方面是指企业新进入的行业与原来主业相关性较小，跨度较大。

1. 七彩野地花生的特点

刘亚楠最初关注到七彩野地花生，是抓住这种紫色豹纹花生产品的外观独特、口味甘甜、营养丰富、山地荒野高原种植等特点，这一系列特色是目前其他花生品种所不具备的特性。

七彩野地花生因产品特性决定了产品差异化战略的制定和实施。为了区别于市场上现有的花生品种，另辟蹊径，在创立公司之初，刘亚楠对于七彩野地花生做了详细的产地分析和成分研究。在确定与市场上其他品种花生的差异性后，刘亚楠主要考虑了产品差异化特色和品牌打造方面的特色，投入八个月时间进行选种育种、产地扩大、种植改良，为以后的生产成本控制和产能提升打下基础。在品牌营销方面，刘亚楠主打健康、轻养理念，锁定云南当地高净值顾客群体进行精准营销，取得销售的开门红。

2. 行业和产品选择原因

刘亚楠对市场的观察能力、对消费者心理和行为的揣摩与其早年经历相关。早期在时尚美妆行业的历练，赋予她一双善于发现美的眼睛、丰富的品牌塑造和销售经验，为她之后的创业打下了坚实基础。

在云南的初次创业，她凭借在美妆行业的相关经验背景，进入美妆行业。后借助美妆行业品牌塑造能力和她对于农业的情怀，开始从事农业品牌咨询，从美妆行业过渡到农业行业。

而在遭受失败后，她重新思考自身所积累的相关经验优势，带着进入实业的理想，踏上了寻找创业契机之路。对于七彩野地花生，刘亚楠主要是看重它产品外观的与众不同，再经过细致的研究分析，挖掘出产品的内在特色，并以此为差异化特点，配合精准的品牌营销方式顺利打入市场。

二、七彩野地花生品牌为什么可以从无到有，从小到大？

1. 差异化战略

差异化战略是以顾客认为重要的差异化方式，来生产或提供服务的一系列整合行动。通过这一战略，公司为那些更重视产品差异化特征的消费者生产与众不同的产品，让产品的独特属性给消费者带来满足。对于七彩野地花生这一细分领域来说，把握差异化特征是确定企业竞争力的最佳途径。差异化战略包括以下四种。

1）产品差异化战略。主要因素有特征、工作性能、一致性、耐用性、可靠性、易修理性、式样和设计。具体体现在产品特性、质量是否领先于其他同行，产品是否绝对可靠，企业是否拥有对产品的创新能力。

2）服务差异化战略。企业面对较强的竞争对手，在服务内容、服务渠道和服务形象等方面有别于竞争对手，并突出自己特征，从而战胜竞争对手。目的是要通过服务差异化突出自己的优势，与竞争对手有所区别。主要考虑送货、安装、顾客培训、咨询服务等因素。

3）人事差异化战略，训练有素的员工应能体现出六个特征：胜任、礼貌、可信、可靠、反应敏捷、善于交流。

4）形象差异化战略。产品的核心部分与竞争者类同的情况下塑造不同的产品形象以获得差别优势。企业需要持续不断地利用企业所有的传播工具，针对竞争对手的形象策略和消费者的心智而采取不同的策略。

2. 先行者优势

先行者优势是因在时机上领先于竞争对手采取某些具有战略意义的行动而获得的优势，如树立企业的形象和品牌知名度，获取关键的资源、技术及知识产权，提高顾客的品牌忠诚度和转换成本，占据后来者难以模仿的有利地理位置等。先行者优势有助于但不能保证企业在竞争中获得成功。后来者有可能以较小的成本和风险模仿和颠覆先行者优势。获取先行者优势具体包括以下五种方式。

1）获取稀有资源。
2）获取对关键因素和问题的知识。
3）获得市场份额和最佳的市场地位。
4）建立并确保和客户、供应商、分销商以及投资者的长期关系。
5）获得客户的忠心和承诺。

1. 傣御农业的差异化战略

傣御农业的差异化战略主要集中体现在产品、服务、人事和形象的差异化战略四方面。

1）产品差异化战略

产品特性的差异化：七彩野地花生产品特性的差异化，主要体现在其外观、口感和营养价值上，傣御农业正是抓住这个特点来吸引消费者购买和认可。

产品创新的差异化：傣御农业的产品创新包括对种子提纯扶壮来保证其产品特性的延续；科学种植方式增加产量；全省种植轮作，全年播种、月月收获，确保鲜果供应；推出最具产品特色的花生，最大程度展现产品特性；开发花生牛奶、牛轧糖等花生衍生品。

2）服务差异化战略

傣御农业拥有全产业链的生产条件。在全年播种的前提下，花生新鲜上市、生食干花生收获后两个月内包装上市，充分发挥供应链优势保证产品新鲜本味，远超同类企业。傣御农业正是创造了被全行业和顾客都视为独特的产品和服务，占据了市场，培养了客户对于产品的忠诚度，树立起全产业范围中独有特性，使企业获得高收入。

3）人事的差异化战略

傣御农业所在的区位限制，导致傣御农业很难招聘到一流人才。公司创立至今，刘亚楠事必躬亲，个人时间和精力已达到极限。而创业公司的原始团队成员，激情大于能力。伴随着公司成长，原高管团队部分人员已完成历史使命，难以满足公司下一阶段的人才需求。因此人事方面的差异化战略还需完善。

4）形象的差异化战略

刘亚楠利用自身品牌推广经验和销售能力，以产品特性为基础，转变产量不高的劣势为优势，瞄准高端市场主打健康、轻养理念，将七彩野地花生一度卖到100元/千克（普通花生12~15元/千克），实现企业收入逐年翻番。

2. 傣御农业的先行者优势

傣御农业开创了七彩野地花生这一独特品种，并依次形成同名品类和品牌，获取了先行者优势。具体包括以下五点。

1）稀有资源。花生品种，种植区域等。

2）关键因素。种子提纯扶壮、品种改良、种植技术、生产工艺、与农户合作模式等。

3）市场地位。傣御农业目前为该品类的行业第一，其跟随者小而散，尚未形成有实力的竞争对手。

4）合作关系。与中国农业大学、中国农业科学院等科研院所建立了合作关系，以进一步改良种子特性，调整建立了"公司+大户+反担保"的种植模式，稳定种植环节，确保原料生产；建立了自由工厂进行生产加工，与山姆会员店、盒马鲜生等知名渠道建立和销售合作关系。

5）客户忠诚度。电商渠道的复购率为25%，超过同品类产品平均复购率。

三、目前企业核心竞争力是什么？傣御农业发展过程中遇到的主要困难有哪些，是怎样解决的？

核心竞争力

核心竞争力是指能够为企业带来比较竞争优势的资源，以及资源的配置与整合方式。随着企业资源的变化以及配置与整合效率的提高，企业的核心竞争力也会随之发生变化。凭借着核心竞争力产生的动力，一个企业就有可能在激烈的市场竞争中脱颖而出，使产品和服务的价值在一定时期内得到提升。企业的核心竞争力具有对竞争对手而言越高的进入壁垒，核心竞争力结构中的智能化成分所占的比重越大，企业便可凭借其核心竞争力，获得越长久的竞争优势。

如图2-4-2所示，企业的竞争力是对所掌控资源的逐步提升。通过占有有形资源和无形资源，形成自己的能力，进而发展为核心竞争力。当企业成长到一定阶段后，需要鉴别核心竞争力，通过分析价值链，将不擅长的环节外包，仅留下能够形成可持续竞争优势的核心竞争力，发展为竞争优势，最终形成企业的战略竞争力。

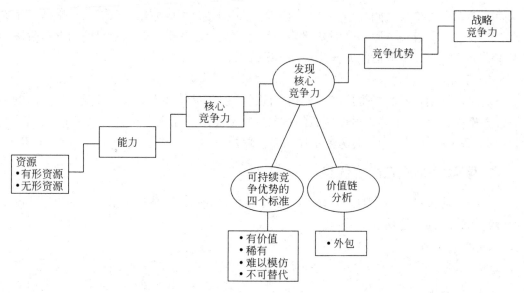

图 2-4-2　资源与竞争力

傣御农业在第一时间以七彩野地花生这一产品作为有形资源，依据其外观、口味、营养价值等特色，通过改良品种、提高产量，以差异化形成了企业的能力。通过品牌打造、全产业链布局，形成自身企业的核心竞争力。

现阶段，企业正处于发现和鉴别核心竞争力阶段。目前企业的核心竞争力包括品种研发、全产业链布局、品牌营销能力等。

鉴别可持续核心竞争力有四个标准，分别为有价值、稀有、难以模仿、不可替代。

1）有价值

（1）品种研发。具有一定价值。持续的研发投入促使七彩野地花生亩产量提高，通过提纯扶壮确保了品种特性。然而，目前虽尚未发生种子的退化问题，但从长远看，需要更为有效的科学技术预防这一问题的产生。因此，傣御农业在品种研发领域具有一定竞争力，但仍需加强。

（2）全产业链布局。具有价值，确保了原料的稳定生产和品质的可追溯。然而，对于农业企业，全产业链容易分散企业资源和精力，难以在各环节均保持高效率，具有一定风险。

（3）傣御农业已初步形成自身的品牌价值。盒马鲜生、三只松鼠、山姆会员店、京东、淘宝等各知名销售渠道的各类销售排名中，傣御农业的七彩野地花生均遥遥领先。

2）稀有

（1）品种研发：具有一定稀缺性，是高科技成果，需要一定时间和资源积累。

（2）全产业链布局：具有一定的稀缺性，要求企业对产业链各环节均有一定的专业知识和运作能力，一般农业企业难以达到。

（3）品牌营销能力：品牌打造往往是农业企业的普遍短板，而刘亚楠将时尚行业的品牌营销理念应用到七彩野地花生的推广上，跳出了农业圈子的固定思维，开创无人争抢的市场空间，在农业领域，品牌营销能力具有一定的稀缺性。

3）难以模仿

（1）品种研发：较难被一般企业模仿，需要一定的知识积累、时间积累和资源积累。

（2）全产业链布局：在七彩野地花生的产业链中，种植环节和生产环节容易被竞争对手模仿。由于花生果实和种子的天然统一性，很难确保花生品种不外流。同时，七彩野地花生的生产加工工艺相对简单，与一般坚果类食品工艺流程区别不大，容易被潜在进入者复制。

（3）品牌营销能力属于软实力范畴。特别是市场细分领域中的第一品牌，一般难以模仿和超越。

4）不可替代的

（1）品种研发：不具有被替代的特性。市场中确有五彩花生、黑皮花生等形形色色的其他小品类花生，但它们的外观、口感和营养成分与七彩野地花生相比存在较大差距。

（2）全产业链布局：可被替代。拥有专业知识和运作经验的农业种植企业在资本推动下很容易进入同一产业进行全产业链布局。

（3）品牌营销能力：傣御农业的快速成长得益于创始人较强的品牌营销能力。对该企业来说，尚未有其他方法可以替代品牌营销成为促进傣御农业销售的主要途径。

综上，傣御农业的核心竞争力经过分析和鉴别，主要集中在品种研发和品牌营销能力两个方面，而全产业布局中的种植和生产环节通过外包完成。在下一阶段，傣御农业应着重在品种研发和品牌营销两端发力，如图2-4-3所示，抓两头，放中间，形成可持续的竞争优势，进而形成战略竞争力。

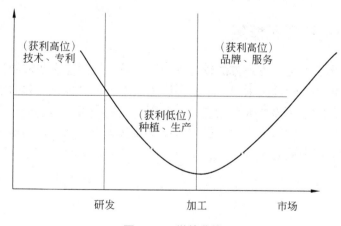

图 2-4-3　微笑曲线

四、傣御农业未来有哪些机会和挑战？

机会：傣御农业已形成了一定的市场规模和行业壁垒，已经取得了近亿元的收入，在市场上占有一定的地位，在七彩花生的小品类市场中处于领头羊的地位。

　　挑战：市场规模仍不够大，"护城河"也不够"深"。想要保持企业的核心竞争力，傣御农业必须弥补自身科研方面的短板，放开种植和生产环节，聚焦销售端的品牌塑造，快速扩大市场规模，形成以品牌为核心的行业壁垒和核心竞争力。企业的差异化战略注重企业的研发和市场两端重点领域，抓大放小，方能集中精力大力发展企业的优势。

第四节　关键要点

一、企业发展阶段划分及特点

　　企业发展不同阶段所面临的共性问题不同。特别是创业企业和中小企业，不能盲目学习华为、阿里巴巴、温氏集团等已相对成功成熟的企业。创业企业和中小企业在发展前期要关注成功企业在同一时期的发展特点、问题和解决方法，才能够避免耗散本不充裕的资源。从战略上讲，所有企业，特别是企业发展前期，需要集中精力和资源，将最优兵力投入到最优阵地，以强攻弱，才有可能在市场中立足并持续发展。

二、企业面临问题的优先排序和战略选择

　　企业在不同发展阶段均面临诸多问题。市场营销、组织管理、生产研发、资金需求等方面的问题长期存在，企业不可能同一时间同时解决这些问题。应当引导学生以问题为导向，梳理企业所面临的各种问题，将其按重要和紧急的程度排序，集中精力和资源解决首要问题，做出符合发展阶段和自身实际的战略选择。

三、分析问题的逻辑和框架

　　管理者往往思考问题的方式方法较为单一，也较为发散。矛盾的两种思维方式会同时存在于企业管理者的管理决策中。本案例训练学生思考、分析问题的逻辑和框架。

　　管理的理论和智慧不需要太多太复杂，实用、适用即可。通过应用简单的理论和分析方法，规范学生分析问题的步骤，做到考虑全面又有所侧重，进而避免在企业实际运行中犯低级错误，提高成功率。

案例五分析

第一节 适用课程与教学目的

一、适用课程

"战略管理"课程中的"蓝海战略"章节。

二、教学目的

本案例以深圳和之道日式食品有限公司创立的鳗鱼品牌"和之鳗"为研究对象,描述企业经过短短三年时间,从零起步,迅速打开国际和国内两个市场,年销售额突破2亿元的创业历程,帮助学生学习蓝海战略的分析框架和内容,深入理解价值创新、重建市场边界对企业开创蓝海的支撑作用,掌握蓝海战略的分析工具。

第二节 分析思路

本案例依据战略管理理论中的蓝海战略,以价值创新为支撑,运用蓝海战略分析工具,剖析和之鳗的发展历程,进而探讨现阶段企业在开创蓝海中面临的问题及可能的解决方案。

第一步,介绍创始人早期创业经历和寻求转型的过程,阐述和之鳗转型时的行业选择和战略定位,引导学生理解重建市场边界原则与制定蓝海战略的方法。

第二步,回顾和之鳗在日本市场遇到的问题和应对方法,引导学生学习蓝海战略实施中利用超越现有需求原则扩大蓝海规模的分析方法,理解蓝海战略中关注企业不同层次客户的重要性。

第三步,通过介绍和之鳗布局北美市场的动机,引导学生理解价值创新对于蓝海战略可持续发展的必要性。

第四步,讲述企业在发展期对组织架构的调整,引入蓝海战略中克服关键组织障碍原则,帮助学生思考企业蓝海战略在执行过程中遇到阻力时的解决方法。

第五步,以新冠疫情对企业带来的机遇与挑战分析作为案例尾声,启发学生思考如何确保企业蓝海市场的持续,引导学生深入理解更新蓝海原则对于企业可持续发展的重要性。

案例详细分析思路见图2-5-1。

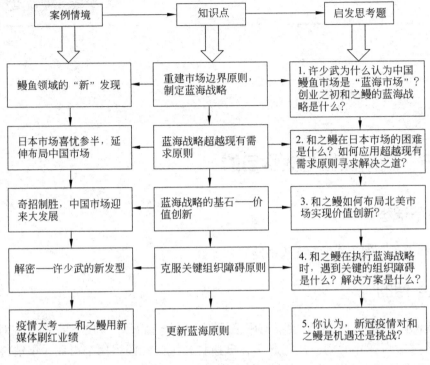

图2-5-1 案例分析思路

第三节 理论依据与分析

一、许少武为什么认为中国鳗鱼市场是"蓝海市场"？创业初期和之鳗的蓝海战略是什么？

1. 重建市场边界原则

蓝海战略（blue ocean strategy）由欧洲工商管理学院的W. 钱·金（W. Chan Kim）和莫博涅（Mauborgne）提出，旨在帮助企业突破残酷竞争，避免将主要精力放在打败竞争对手上，而是放在全力促成客户与企业自身创造价值的飞跃上，并由此开创新的"无人竞争"的市场空间，开创属于自己的一片蓝海，彻底摆脱竞争。这是一种企业通过开创新的、未被竞争对手重视的市场领域以达到扩张目的的战略。

重建市场边界原则是企业开创蓝海时应遵循的首要原则，企业通过六条路径框架（见表2-5-1），搜索可能存在的蓝海机会，实现重建市场边界。六条路径有助于企业从不同角度分析蓝海机会，从而做出行业选择，降低了找寻蓝海的风险，企业可以通过以下的一条或几条路径，开创蓝海。

表 2-5-1　重建市场边界的六条路径

六 条 路 径	关 注 点
跨越他择产业	功能形式不同，但目的相同的产品
跨越产业内部战略集团	突破已有局限视野
跨越买方链	购买者、使用者、施加影响者
跨越互补性产品和服务项目	关注产品的消费依存性
重设产业的功能与情感导向	理性与感性消费的重新思考
跨越时间	顺势而为，站在未来看现在

2. 蓝海战略制定

制定蓝海战略采用的三大必备工具分别是"四步动作框架"分析法、"剔除－减少－增加－创造"坐标格、绘制战略布局图。

1）四步动作框架通过剔除、减少、增加、创造这四个维度的思考，对产业中的关键元素进行重新梳理，重构买方价值元素，塑造新的价值曲线，突破现有产业竞争的分析框架。

2）"剔除－减少－增加－创造"坐标格是对四步动作框架的辅助，企业将要剔除、减少、增加、创造的相应元素填入坐标格的相应区域，这一工具可以促使企业进行四个方面的行动，同时追求低成本和差异化，坐标工具易于理解，有助于提高企业人员在战略实施中的参与度，促进各层级人员对战略的理解与执行。

3）战略布局图是根据企业在产业竞争中各元素上的投入程度，绘出的企业自身的战略布局图，是开创蓝海的战略定位和指引。

战略布局图包括横轴、纵轴和价值曲线。

横轴显示的是产业竞争和买方所关注的各项元素。

纵轴反映的是买方获得的各项竞争元素的数值。数值越高，表示企业在这一元素上给予买方的越多，则企业对该元素所关注和投入的也越多。

价值曲线是将企业产品在各元素上的得分描绘出的曲线，价值曲线反映了竞争中企业在各项元素上的表现。

1. 许少武选择鳗鱼行业的原因

企业在开创蓝海时，通过六条路径框架对蓝海的可能性进行分析，企业可通过其中的一条或几条找到新机会。以下通过六条路径框架来分析许少武选择鳗鱼行业的原因。

1）跨越他择产业

他择产业是为了同一目的而存在的产品或服务。企业可以通过将关注点放在他择产业上,开创出更多的市场空间。许少武从科技公司转型到鳗鱼产业,企业所面对的是完全不同的行业和不同的客群,客户消费目的不具备趋同性。因此,此项路径分析不是许少武选择鳗鱼行业的原因。

2)跨越产业内部战略集团

在鳗鱼产业传统市场中,主要呈现出两类战略集团,一类是出口主导型的代工企业,另一类为小微企业。出口主导型企业的优势为品控,但由于多为日本买方在中国的"代工厂",这些企业在品牌营销上相对较弱。而小微企业的鳗鱼产品质量参差不齐,产品品质得不到保障。许少武判断,随着产业升级不断深化,消费者的品牌意识将更为强烈。目前国内市场尚未形成头部鳗鱼品牌企业,因此,以品牌为主导的鳗鱼企业存在发展空间,具备突破现有鳗鱼产业视野,突破产业内部战略集团的可能。

3)跨越买方链

在实际市场中,买方是由多个环节组成的链条,每个环节都或多或少影响着购买决定。不同环节的买方对产品价值的认定不同,关注点也不同。企业通过关注买方链条的不同环节,可以获得新的市场。传统的鳗鱼的买方链条主体为日料店的消费者。但中餐馆、休闲食品、居家餐饮等领域也是买方链条的重要组成部分,存在拓展鳗鱼市场边界的可能。

4)跨越互补性产品和服务项目

互补性的产品和服务中常常存在着未被发现的潜在需求,关键在于能够从买方角度出发,切实鉴别出买方的真实需求组合,例如电影院与停车场的互补关系。跨越互补性产品和服务需要考虑买方在购买前、中、后各阶段的实际需求。

传统鳗鱼消费形式简单,主要以日料店的料理为主,消费形式单一。而消费者通常不会仅仅在日料店购买鳗鱼这一种产品。因此,与鳗鱼配套的其他日料食材、精美的鳗鱼专用餐具、可供居家简单加热即可食用的鳗鱼半成品等,成为可能的边界突破机会。

5)跨越针对买方的功能与情感导向

产品和服务在市场上可分为两大有竞争力类型——功能主导型产品和服务、情感主导型产品和服务。企业若能突破这一界限,往往能发现新的市场空间。现阶段的鳗鱼产品竞争主要集中在产品质量、口感、包装等方面,而鳗鱼具有明显的文化属性。对于爱好日本文化,如日本动漫的群体而言,鳗鱼料理是日本文化的象征之一。因此,如能将和之鳗打造为具备日本文化的品牌,将有利于重设鳗鱼产品的功能和情感导向。

6)跨越时间

立足于未来看现在,往往能发现市场机会。放眼未来,许少武从两个层面分析了在大健康趋势下,鳗鱼行业存在蓝海机会。

(1)类似产品未来的发展趋势并不被看好。许少武比较了小龙虾、大闸蟹、鳗鱼的现状和未来的趋势情况。小龙虾主要为麻辣做法,制作过程中加入大量的调料,这种重口味的吃法在未来大健康产业的发展趋势下,市场增量空间有限。而大闸蟹局限于产量和季节因素,难以实现常年供应,产业规模有限。鳗鱼与上述两类主要特色产品相比,具有一定优势。

(2)现存鳗鱼市场集中度极低,产品同质化严重,竞争激烈。低价劣质的鳗鱼充斥市场，日料店的鳗鱼料理制作水平不一，菜单单一，客户回购率不理想。在未来，主打优质的鳗鱼和鳗鱼产品的头部企业一定会脱颖而出，这仅仅是时间的问题。

综上，通过六条路径框架分析，除第一条外，其余五条重建市场边界的路径均在一定程度上满足和之鳗的蓝海找寻条件，使许少武决定进入鳗鱼行业。

2. 和之鳗蓝海战略制定

许少武对鳗鱼产业进行了深入调研，为了摸清业内真实情况，亲自承包鱼塘学习养鳗，去大型的烤鳗加工厂考察合作，最后对产业链各环节进行取舍，确定企业自身战略，这一过程遵循了蓝海战略制定的主要分析方法，主要分为以下三个方面。

1）四步动作框架分析

通过四步动作框架分析，从剔除、减少、增加、创造四个维度对产业元素重新思考。

（1）需要剔除的元素：鳗苗资源（鳗鱼捕捞和鳗鱼培育环节）

第一，随着产业链的完善和细分，在产业链不同环节的企业，特别是接近消费终端的鳗鱼贸易企业，其核心竞争要素主要体现在产品质量、品牌、平台、服务等方面，鳗苗不是其核心竞争要素，应被剔除。

第二，由于鳗苗捕捞受到自然资源影响大，捕获量极不稳定。鳗苗的培育需要丰富的经验和较高的技术门槛，对于和之鳗这样的初创企业，在捕捞和培育环节亲自运营的风险较高，应被剔除。

（2）需要减少的元素：鳗鱼养殖

其一，我国已有40多年的养鳗史，鳗鱼养殖业已有大量成熟企业。和之鳗要发展为品牌企业，只需建立并维系质量可靠且货源稳定的供货商，就可以支撑鳗鱼贸易业务。养殖并非和之鳗的核心竞争力，在此环节的资源分配应予减少。

其二，鳗鱼养殖占用企业大量的资源，特别是资金要求极高。对于和之鳗这样的初创企业，不适合在初创期以重资产模式运营，可委托业内成熟且有资质的养殖企业合作。

（3）需要增加的元素：价格、质量、品牌等市场营销方面

和之鳗以打造优质、高端的鳗鱼品牌为目标，需要在产品价格、产品和服务质量、市场营销、品牌知名度等元素上更多地投入，提升到行业平均水准之上，摆脱现有市场的竞争，走出红海陷阱。

产品价格：蓝海战略要求企业以低价提供高品质产品和服务。高品质的鳗鱼以合理的价格出售，以创造足够大的市场空间。和之鳗应当在提升产品品质的同时，尽可能降低成本，让买方感受到更多的价值获得感。因此，和之鳗应当迅速扩大产品销售量，通过规模经济降低鳗鱼成本，尽可能维持产品售价不高于主要竞争对手，增加消费者效用。

产品和服务质量：鳗鱼产品和服务质量是打造鳗鱼品牌的关键要素，须确保其处于行业平均线之上。

品牌知名度：品牌知名度依托大量、持续的资源投入。和之鳗作为初创企业，应当想方设法使用巧劲，在资源有限的情况下，通过持续投入积累品牌知名度，以求在未来实现质变。

（4）需要创造的元素：产品标准化、创新性和多样性

基于鳗鱼行业散乱的现状，多数企业并未对产品标准化、创新性和多样性给予关注。基于购买方的实际需求，和之鳗可在这些方面发力，打造自身独特的价值曲线。

基于上述分析，和之鳗的战略定位逐渐清晰，放弃和降低对生产端的投入，集中优势资源重点投入消费端，着重做好"卖"鳗鱼的企业。

2）"剔除－减少－增加－创造"坐标格

在图 2-5-2 所示的"剔除－减少－增加－创造"坐标格中，通过将需要调整的各个元素填入表中，和之鳗的战略逐渐明晰。左侧为需要剔除和减少的元素，将所节省的资源投入到右侧需要增加和创造的要素中。

剔除	增加
• 鳗苗资源 （鳗苗捕捞、鳗苗培育）	• 产品价格 • 产品和服务质量 • 品牌知名度
减少	创造
• 鳗鱼养殖	• 标准化生产和包装 • 创新性产品和多样性产品

图 2-5-2　和之鳗"剔除－减少－增加－创造"坐标格

3）绘制蓝海战略布局图

基于上述坐标格，绘制出和之鳗的战略布局图（见图 2-5-3）。从中可以看出，和之鳗剔除了鳗苗资源，减少了鳗鱼养殖上的投入，提升了产品价值、产品和服务质量、市场营销和品牌知名度上的投入，并增加了标准化的生产和包装，构建出企业自身的价值曲线。

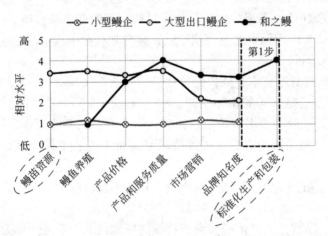

图 2-5-3　和之鳗蓝海战略布局图

综上，和之鳗的蓝海找寻正是遵循了企业开创蓝海的首要原则——重建市场边界原则，通过六条路径发现了鳗鱼产业的蓝海机会，实现了市场边界重建。通过蓝海战略的三大工具分析，依次梳理出其锁定销售端的战略定位，集中企业资源，精准发力，一举打开了对产品质量要求高但售价适中的日本市场，实现了企业创立初期的快速启动。

然而，综合来看，和之鳗在这一阶段增加的元素相对较少，标准化的生产和包装容易被其他企业或后进入者模仿，这给蓝海被破坏埋下了隐患。

二、和之鳗在日本市场困难是什么？如何应用超越现有需求原则寻求解决之道？

超越现有需求原则

超越现有需求原则即指通过新产品和服务统合最大需求，降低开创新市场所涉及的规模的风险。为了使蓝海规模最大化，企业不仅要关注已有客户的需求，更要关注以下三个层次的"非顾客"群体的需求，分析客户共同关注的需求点，逐渐将这些"非顾客"转化为企业的客户，重新构建市场边界。

1. 第一层次"非顾客"：徘徊在本企业的市场边上，随时准备弃船而走的"非顾客"

要关注这层非客户对企业的反馈，企业就可能将其转化为真正的客户。

2. 第二层次"非顾客"：有意回避你的市场的"拒绝型非顾客"

这类客户可能因为企业产品或服务暂时不能达到他可接受的程度而转向其他产品，企业应关注这类"非顾客"拒绝自己的共同原因，采取措施，便可将其转化为企业的客户。

3. 第三层次"非顾客"：远离你的"未探知型非顾客"

这类非顾客是离产业现有市场最远的客户。企业应该突破现有市场局限，关注非顾客需求，便可逐渐将这类"非顾客"转化为企业的客户。

1. 和之鳗在日本市场面临的困难存在于两个方面

1）日本市场的发展空间有限

鳗鱼产品在日本料理中价格相对较高，由于日本经济持续低迷，日本本土消费者对鳗鱼的消费量在逐年下降。同时，受到日本贸易保护主义影响，中国鳗鱼企业在日本进一步拓展市场的空间受限。

2）中美贸易冲突迫使出口商转向日本市场，同业竞争压力骤增

由于中美贸易冲突持续升级，在美国公布的加征关税名单中，鳗鱼被列入其中。原本目标为美国市场的大量中国鳗鱼企业迫于生存压力，不得不转而挤入本已竞争激烈的日本市场，骤然增大了和之鳗在日本市场的竞争压力。

2. 和之鳗解决方案

和之鳗遵循超越现有需求原则，充分关注三个层次"非顾客"的需求，将关注点延伸到中国日料店和零售端客户。充分分析这些非顾客的需求特点，发现了扩大蓝海的可能性，一定程度上解决了日本市场所面临的困难，如图 2-5-4 所示。

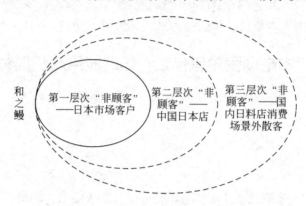

图 2-5-4　和之鳗的三个层次"非顾客"

1）第一层次"非顾客"——非忠实的日本客户

和之鳗在日本市场的客户是企业第一层次"非顾客"，这类顾客忠实度较低，在和之鳗和其他品牌间摇摆，随时可能因为价格、质量等要素转向竞争对手。鳗鱼是生鲜产品，一般出口企业在货物交割后不再承担后续风险和责任，如出现死鳗等问题，均由经销商承担。因此，日本的经销商往往按每批次的产品质量和价格来决定合作伙伴，难以形成长久合作。针对这一非顾客群体的购买特点，和之鳗提出"兜底"保障，主动承担因产品质量问题而造成的损失，解决了日本经销商的后顾之忧，将这类"非顾客"真正转化为自己的固定客户。

2）第二层次"非顾客"——中国日料店

中国市场的日料店和是和之鳗的第二层次"非顾客"。北京、上海、广州、深圳等城市有多达上万家日料店，而大多数日料店为了降低原料成本，采购的鳗鱼品质较低，且鳗鱼烹饪水平也参差不齐。针对这类客户，和之鳗推出独特的菜单式服务。和之鳗为合作的日料店提供鳗鱼主题的菜单、半成品、餐具、产品海报等，日料店不用钻研鳗鱼烹饪技巧，仅需接受顾客下单，然后简单加热处理，即可提供给消费者。这一合作模式降低对日料店厨师的技能要求，降低了运营成本，又丰富了店内的产品品类，提高了产品品质，深受国内日料店欢迎。由此，和之鳗也逐步将第二层次的"非顾客"转化为自己的顾客。

3）第三层次"非顾客"——国内日料店消费场景外散客

第三层次"非顾客"是国内市场中日料店消费场景外的散客。这类客户远离产业市场，一直未受到鳗鱼企业的关注。消费者选择居家就餐的比重逐渐加大。特别是在疫情防控期间，由于居家隔离，外卖的订单量大幅增加。针对这一特点，和之鳗推出真空包装的标准化产品，消费者可在家简单加工或开袋即食，进而开拓了第三层次的"非顾客"群体。

通过关注企业不同层面顾客的需求，和之鳗看到了中国市场的发展空间，开始启动中国市场的战略布局，突破原有市场局限，积极转化了更多的"非顾客"，逐步化解了日本市场发展的困局。

三、和之鳗如何通过布局北美市场实现价值创新?

蓝海战略的基石——价值创新

蓝海战略主导企业同时关注降低成本和提升买方价值，企业在蓝海执行中应着重对这两方面产生积极贡献，实现价值创新，使蓝海得以持续。如果企业停在原有的战略布局中，价值曲线逐渐同其他战略集团趋同，将会被市场淘汰。因此，企业需要始终以买方需求为核心，不断更新蓝海战略布局。

中美贸易冲突导致鳗鱼出口美国受挫，大量鳗鱼出口企业转战日本。而就在此时，和之鳗反其道而行之，开始布局北美市场。中国出口的鳗鱼最多是销往日本（约占总量的60%），其次是北美、俄罗斯和东南亚地区。北美是除日本外全球第二大鳗鱼出口市场，和之鳗布局北美市场的主要意图是通过规模效应，持续降低产品成本，提升品牌国际化价值，提升买方价值，实现价值创新（见图2-5-5）。

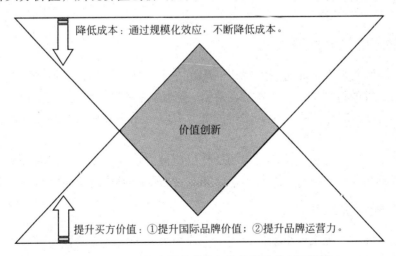

图 2-5-5　和之鳗布局北美市场中先的价值创新逻辑

1.通过规模化效应，不断降低成本

由于贸易冲突，美国市场受挫，不过许少武认为，要提升顾客效用，只有进一步扩大销量，降低采购成本，降低产品售价。在鳗鱼行业，年销量达到1 000吨以上规模的企业，

在产业链上游、出口市场都会具备一定的定价权,可以帮助企业降低采购成本。因此,在竞争对手纷纷从美国市场撤出时,许少武却开始布局北美渠道,待形势好转后可以优先发力,迅速拉低国内和日本的产品售价。

2. 通过布局国际市场,提升国际化品牌价值

和之鳗已具备对日出口鳗鱼制品的丰富经验,获得了日本海关的鳗鱼出口认证证书。这是和之鳗品牌的优势,也是很多出口转内销型企业的优势。如能再度获得出口美国的资质,将会进一步提升其品牌的国际化价值,助推国内市场的产品营销。

四、和之鳗在执行蓝海战略时,遇到关键的组织障碍是什么?解决方案是什么?

克服关键组织障碍原则

企业在蓝海战略执行时通常会遇到四重障碍:认知障碍、有限的资源、动力障碍和组织政治障碍,知道如何克服这些障碍对降低组织的风险至关重要。企业克服这四重障碍最有效的方法是"引爆点领导法",这一方法的本质是企业集中资源,找到并利用组织中具有超凡影响力的因素,冲破障碍。

1. 和之鳗的主要障碍

和之鳗遇到的障碍主要是资源障碍。鳗鱼在出口环节需垫付大量的资金,同时,在向 C 端延展业务的过程中,和之鳗需在营销、渠道、品牌打造等方面持续大量投入资源。现阶段和之鳗企业规模相对较小,本身的资源有限,无法兼顾所有环节的高投入,应当集中现有资源,解决首要问题。

和之鳗团队成员普遍年轻,对市场变化反应能力迅速,年轻一代对鳗鱼产品认知充分,企业内部运作效率较高,因此,在认知、动力和组织政治方面暂时不存在障碍。

2. 和之鳗解决方案

和之鳗通过调整优化组织架构,集中企业资源来推动战略的执行,克服了企业战略执行中遇到的资源障碍。

1)和之鳗调整前的企业架构

和之鳗最初企业架构是基于原科技公司基础,随着业务的增加自然生长而成,相对庞杂。企业构架主要涵盖了母公司、养殖生产商、电商和日本公司,公司架构主要以服务出口日本鳗鱼业务为目的,面向日本 B 端买家。

2）和之鳗调整后的企业架构

随着和之鳗的战略转型，企业要从外销转到中国国内市场，以打造鳗鱼品牌为目标。为此，和之鳗优化了企业架构，将企业组织的主要力量集中在和之鳗品牌的关联业务模块上，主要有以下三方面重点变化。

（1）剥离了主营鳗鱼养殖业务的东台和之道，这与其蓝海战略剔除非核心要素的决策相匹配。

（2）精简了博之道电商，将这一块业务纳入深圳和之道统一运营，主推国内市场鳗鱼产品的线上销售。

（3）将和之道主要架构分为日本和之道和深圳和之道两个部分。日本和之道主要负责日本的市场业务，其中和之鳗自有品牌产品占日本业务总额的50%，其他为代工的B端出口业务。深圳和之道主要负责中国市场的鳗鱼品牌运营管理，销售产品中95%为和之鳗自有品牌产品，5%为配套鳗鱼售卖的周边产品。

通过调整，公司架构重心从最初的代工外销型转向以支撑和之鳗品牌发展为主的模式，与企业的整体战略转变相吻合，有利于其整合现有资源，推动自有品牌拓展。

五、你认为，新冠疫情对和之鳗是机遇还是挑战？

更新蓝海原则

更新蓝海原则要求企业始终以客户需求为核心，重点关注客户价值的持续创新，并采取相应的战略行动。企业要依据价值创新，再次绘制企业的蓝海战略布局图，以求始终处于蓝海领域。

对于和之鳗，疫情中机遇与挑战并存。一方面，受疫情的冲击，日料店和出口业务停滞，企业面临严重危机；另一方面，疫情促进了"宅经济"的快速发展，倒逼和之鳗重新审视消费者需求，将原来远离企业市场的零售端客户重点纳入到目标客户中，在重新调整中寻找新的机遇。

1. 价值创新层面

新冠疫情加速了"宅经济"的发展，推动了消费者对于食品便捷、美味、健康的需求。原有的堂食被禁止后，即食产品、速食产品、半成品、自热产品等形式的需求大幅增加。和之鳗可以迎合市场变化，调整产品呈现形式，满足消费者的需求变化，提升买方价值。

为配合产品形式调整，和之鳗也尝试通过直播带货等形式转变销售渠道。线上销售对鳗鱼产品的文化属性要求更高，国内消费者极少在家里烹饪日式料理。因此，和之鳗也尝试将原本属于日本文化的鳗鱼产品融入中餐中，以期进入尚未开拓的中餐鳗鱼品类。

2. 更新的蓝海战略布局图

基于上述价值创新的分析，和之鳗更新的蓝海布局图如图 2-5-6 所示。

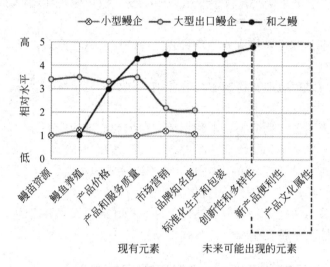

图 2-5-6　和之鳗战略布局图的未来思考

现阶段（图 2-5-6 虚线框标注部分），与产业中的小型鳗企和大型出口鳗鱼企业相比，和之鳗实现了阶段性的价值创新。

下一阶段，在原标准化生产和包装、创新性和多样性的基础上，针对疫情带来的市场变化，着重增加产品便利性和文化属性的投入，持续更新企业所处蓝海，形成先行者优势。

第四节　关键要点

一、蓝海战略的分析框架

蓝海战略为企业管理者提供了一整套完整的分析框架。学习者应掌握以重建市场边界原则、超越现有需求原则、价值创新、克服组织障碍原则和更新蓝海原则为主要内容的分析方法，确保蓝海战略制定的准确性和蓝海战略执行的效果。

二、蓝海战略分析工具

蓝海战略实操性很强，每一步都提供了具体的分析工具，如六条路径框架、四步动作框架、"剔除－减少－增加－创造"坐标格、战略布局图等。在战略执行阶段，也明确提出了四重障碍、蓝海战略变动与持续更新调整的分析方法，学习者应着重掌握以上分析工具，熟知分析步骤和逻辑，为后续剖析其他企业奠定基础。

案例六分析

第一节　适用课程与教学目的

一、适用课程

本案例适用于"战略管理""创业管理"课程教学。

二、教学目的

本案例以北京农信互联科技集团有限公司（以下简称农信互联）为背景，讲述公司从创立到发展壮大过程中的问题和对策，风险和机遇。旨在帮助学生利用平台经济理论和平台战略实施学习和分析创业企业依靠自身资源和优势，明确战略定位，实施战略过程，进而利用核心竞争力要素鉴别分析企业核心竞争力，并深入探讨核心竞争力对企业战略的支撑作用。

第二节　分析思路

本案例以平台经济理论与战略管理中心核心竞争力为基础，应用平台模式优势分析、平台战略实施分析、核心竞争力要素鉴别等分析工具，探讨企业的战略定位和竞争优势。

分析思路如下：

第一，介绍农信互联的创业背景和外部环境，描述我国生猪养殖行业面临的问题，结合平台经济理论，引导学生分析农信互联怎样以"猪联网"平台模式优势解决生猪养殖行业痛点。

第二，分析企业如何根据自身资源和能力，聚焦行业竞争环境，布局和打造养猪产业链平台，从而形成战略竞争优势的过程。引导学生学习资源基础观、平台战略的概念及实施方法。

第三，对农信互联的核心竞争力展开剖析，以可持续竞争优势的四个标准进行分析。引导学生学习鉴别企业核心竞争力的方法。

第四，以非洲猪瘟的应对策略讨论作为案例尾声，引导学生思考农信互联发展战略优化方向和保障措施。

案例详细分析思路见图 2-6-1。

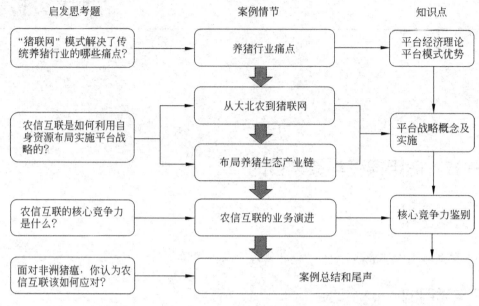

图 2-6-1 案例分析思路

第三节 理论依据与分析

一、"猪联网"模式解决了传统养猪行业的哪些痛点?

平台经济理论与平台模式的优势

1. 平台经济理论

平台经济是一种基于数字技术,由数据驱动、平台支撑、网络协同的经济活动单元所构成的新经济系统,是基于数字平台的各种经济关系的总称。

在双边市场理论中,"平台"连接一切,不管是产品服务还是用户。平台聚合用户、提供服务,它是一种基础架构和规则,把不同用户群联系起来,形成网络,从而有益于双方进行交易。处于双边市场的企业(以下称平台企业)具有鲜明的基本特征,所提供的产品或服务供(需)方的收益水平取决于需(供)方参与者数量,一方用户通过平台与另一方用户相互作用而获得价值。

平台化经营是基于互联网思维以提供服务和聚合用户为战略性倾向的经营方式,平台市场用户的数量会受到网络效应的影响。平台化代表了一种方向与趋势,从经济学领域的双边市场理论转移到管理学领域的战略管理。

2. 平台经济特征

1）平台经济是一个双边或多边市场。平台企业一边面对消费者，一边对商家。平台经济通过双边市场效应和平台的集群效应，形成符合定位的分工。

2）增值性。平台企业立足市场的关键是要为双边或多边市场创造价值，从而吸引用户，提高平台的黏性。

3）网络外部性。平台企业为买卖双方提供服务，促成交易，买卖双方任何一方数量越多，就越能吸引另一方数量的增长，卖家和买家越多，平台越有价值。在网络外部性作用下，平台型企业往往出现规模收益递增现象，强者可以掌控全局，赢者通吃，而弱者只能瓜分残羹，或在平台竞争中被淘汰。

4）开放性。平台经济最大的特点就是筑巢引凤，吸引各种资源的加入，平台越开放，其合作伙伴越多，平台就越有价值。平台的开放性可以实现多方共赢，从而提高平台的聚焦效应和平台价值。

3. 平台模式的优势

1）平台模式可以提高产业链流通效率。平台模式可以直接连接特定群体，比如生产者和消费者，免除中间重重经销商，摒弃了传统产业链中的单向流动，流通环节的缩短使得信息沟通更为通畅，减少交易成本，提升效率。

2）平台模式提升跨行业整合能力，提供用户整体解决方案。平台上聚集了众多的群体，他们扮演不同的角色形成不同的"圈"，平台规模越大，"圈"越多，服务和商品越丰富，而且不同的"圈"之间的"边界"变得模糊，打破传统各行业之间极强的独立性，使得跨行业整合得以实现，挖掘新的增长点，为用户提供更为多样化、更为系统的整体解决方案。

1. 提供管理服务，应对人才短缺问题，提升管理水平，提高生产效率

不少年轻人潜意识里认为生猪养殖人员地位不高，同时考虑到养猪是又脏又累的工作，不太愿意从事养猪业，形成了人才匮乏的局面。而现代化的猪场，对人才提出了更高的要求，即"全能型"的人才——不仅要懂信息化的运作，还要掌握饲料营养、机械、兽医等相关知识。

农信互联通过物联网、云计算、大数据和人工智能等技术，为养殖户打造集采购、生产、疫病防控、销售、财务管理和日常管理为一体的猪管理 SaaS 平台。减少过去仅依靠饲养员经验来预测判断的养殖方式，既可以节省劳动力，也可以减少饲料浪费，提高饲料转化率，还能减少人为依赖性和主观判断失误。平台将物联网设备与猪场管理软件连接起来，利用多种"互联网+"技术，为猪场提供从硬件到软件的整体解决方案，将传统养殖管理模式变成万物互联的模式，帮助养殖企业实现生产过程的智能化管理和综合科学决策。

2. 实现产业数据共享，打破企业信息孤岛，解决猪周期和交易难问题

1）预测生猪市场动向，解决猪周期问题

由于生猪的生产周期较长（从投入仔猪到出栏肥猪一般需要8个月以上），养殖户对市场预测难免会有偏差。当生猪价格上涨时，养殖环节利润增加，为了获得更多的利润，养殖户增加补栏数，扩大养殖规模；随着生猪供给的增加，产生供过于求的局面，导致生猪价格下跌；当生猪价格下跌时，养殖环节利润降低，甚至亏损，养殖户为了降低损失，缩减养殖规模；当存栏量低到一定程度时，生猪供不应求，进而导致生猪价格上涨——猪周期如此循环往复（见图2-6-2）。

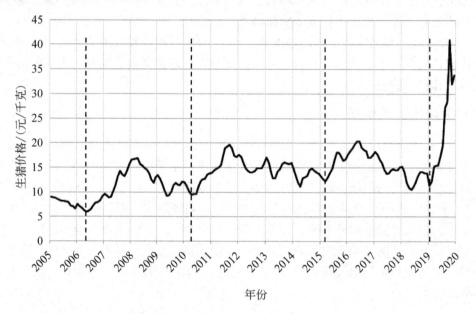

图 2-6-2　2005—2020年我国猪周期示意图

数据来源：中国畜牧业信息网。

农信互联通过对其积累的大量生猪交易数据进行分析，可以预测生猪价格和市场周期。这些输出的信息可以在很大程度上，降低猪周期对养殖户的影响，也可以作为政府部门农业决策的科学依据。

2）推出线上交易平台，解决"买料难、卖猪难"问题

生猪产业链中，养殖环节处在中游，利润最薄。养殖环节既要面临来自产业链上游农资（饲料、疫苗、兽药等）涨价的压力，又要应对与下游的猪经纪或贸易商议价时，信息不对称、自身议价能力弱的被动局面。中小规模猪场长期面临着"买料难、卖猪难"问题。因此，需要一个行业平台，提高中小规模猪场在生猪产业链中的主体地位和话语权，解决"买料难、卖猪难"问题。

农信互联建设"农牧商城"和"国家生猪市场"两个板块，上游"买方市场"汇聚饲料、动保、设备等多种商品，为养殖户提供一站式采购服务并送户上门，下游"卖方"市场通过直采模式和区域模式进行活体生猪、仔猪和种猪的交易。农信互联通过平台模式打通生猪产业上下游物料链、信息链，降低各环节交易成本，提升产业链效率。

3. 平台整合多家金融机构，改善生猪产业金融服务缺失问题

养猪业属于重资产投入行业，企业渴求贷款。但养殖行业生产周期长，收益较低，加上疫情因素，风险较高。多数中小猪场农户由于文化水平有限，信用意识和契约精神欠缺。当农户投资出现风险时，由于其缺乏抵押物、可变现资产少，无法偿还贷款，信用违约风险较高。

2013年以来，商业银行贷款不良率有所上升（见图2-6-3）。2011—2016年数据显示，金融机构涉农业务贷款不良率显著高于商业银行。竞争机制下，商业银行更倾向于把资金投入到高收益、低风险的稳健行业。

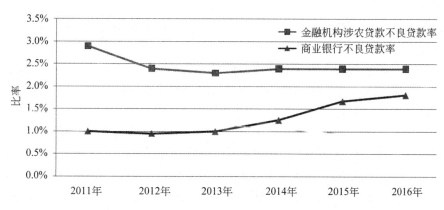

图 2-6-3　金融机构涉农贷款和商业银行贷款的不良贷款率比较

数据来源：中国银行保险监督管理委员会官方网站。

另外，在中小养殖场所处的偏远地区，鉴于这些区域信息化程度比较低、经营主体较分散、收入不稳定等原因，导致金融机构对中小型猪场的征信不能完全覆盖，存在盲区。由于以上原因，中小养殖场很难获得金融机构融资。

农信互联公司依托自身的金融资质及平台获得的大数据，建立新型征信机制，扩大金融服务的覆盖范围，进而联合银行、保险公司、基金公司、担保公司、第三方支付公司等众多金融机构，为农业客户提供征信、贷款、融资租赁、保险、保理、理财、支付等综合金融服务。

"猪联网"三大平台以"农信网"为传统互联网总接入口，以"智农通"APP为移动终端总接入口，汇集了信息流、资金流和物流，构建了生猪产业生态链，解决了行业痛点，提升了行业效率。

二、农信互联是如何利用自身资源布局实施平台战略的？

1. 企业资源与能力

资源是生产过程中各种投入要素的总和，它包括资金、设备、技术、劳动力和有才

能的管理者。公司的资源分为有形资源和无形资源。

有形资源包括财务资源、组织资源、实物资源和技术资源。

无形资源包括人力资源、创新资源和声誉资源。

能力是将众多资源以组合的方式完成某一任务的才能。单个资源无法形成竞争优势，只有当资源整合成为能力后，才能成为获得竞争优势的资源。资源基础模型认为，任何一个组织都是独特资源和能力的组合体，这些独特性是企业获得超额利润和竞争优势的基础。

2. 平台战略概念及实施

平台战略是指连接两个以上的特定群体，为他们提供互动交流机制，满足所有群体需求，并从中盈利的商业模式。

互联网专家和学者的主流观点，将平台视为基于生态系统的双边市场，穆尔最早提出商业生态系统。商业生态中的核心企业要有很强的协同演化能力，为了满足用户的需求，也要增强本身的创造力。

在生态系统重构过程中，最重要的就是协同能力以及创新与学习能力。当组织的系统条件发生变化时，其应当设法增强确定性。生态系统重构时，企业就逐步掌握了整合资源能力，平台的优势在此时就体现出来了，其优势在于整合产业链上的关键要素，实现资源共享，不仅可以整合商业生态系统内部的资源，也可以整合外部资源，获取力量，不断进化。

农信互联平台战略的实施

企业要想在激烈的竞争环境中生存，首先要有明确的市场定位。农信互联给自己的定位是互联网平台型公司。公司将数据竞争力作为其核心能力，用互联网的力量连接农业生态链上的各类经营主体和资源，构建网络协同的平台化经营模式，以追求整个生态繁荣为目标，致力于农业生产的转型升级。农信互联以规模猪场作为其核心用户，围绕猪场打造生猪产业360度服务体系。农信互联通过产品集中化战略，聚焦养猪业痛点，从满足用户的需求出发，结合企业自身的资源和能力，形成了养猪产业链痛点的整体解决方案——猪联网平台（见图2-6-4）。

猪联网平台战略实施过程分析如下：

1）依靠组织资源，切入养猪互联网平台

传统养猪业本是又脏又累的行当，大多数人不愿意干，但农信互联的创业团队不一样。团队成员多数是农业院校毕业，拥有专业的技术基础，同时对养猪业有着很深的情怀，这种情怀和技术基础使得他们愿意深耕养猪产业。天时不如地利，地利不如人和。创业团队的人才资源及其技术能力，是农信互联不可或缺的重要资源。

母公司大北农作为专注农牧业的传统公司，十多年来在农业互联网领域不断探索，已形成了庞大的业务体系。全国村镇级的服务人员1.8万人、营销服务中心5 000多个——

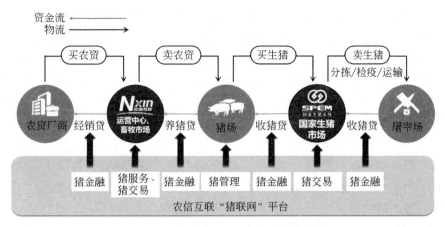

图 2-6-4　农信互联"猪联网"大数据平台

分布在全国范围的种养殖密集区,覆盖出栏生猪 5 000 万头、耕地面积 3 000 万亩。大北农的饲料供应链体系和基层网络是已成体系的生态资源(例如,养猪客户资源、猪场投入品供应链、物流体系等)。农信互联的创业者在大北农的基础上,发挥组织的协同作用,从猪场管理入手,逐步整合产业链关键资源,轻松重构养猪产业链生态。

2) 依靠技术和人力资源优势,占得发展先机

平台企业竞争需要面对临界点的问题,只有平台用户数量达到一定程度的规模,越过某个临界点,平台才能获得快速发展。若平台连接的单元多达一定数量后,平台积累的大数据与用户的高转换成本将成为难以逾越的壁垒。因此,构建产业生态的先发优势很重要。

农信互联利用其信息化技术和人力资源优势,先人一步布局了养猪产业互联网平台。创业初期,创业团队在"猪管网"的技术积累之上,通过互联网技术打造出猪场管理 SaaS 平台——猪联网,猪场管理软件免费试用,为客户提高了生产效率,从而实现用户引流,建立了客户联系。后来又积极布局国家级生猪交易市场,提高交易效率,为客户实现价值增值,进而给农信互联带来更多客户。在引来流量的基础上,衍生其他业务,如行情宝、农信货联等,可以进一步帮助养殖户解决卖猪难问题;通过累积的交易数据和行为数据,对养殖户的信用进行画像,进而发展场景化的金融服务。最终,整合产业链上下游形成相互依赖的有机整体。这一完整的生态体系,是农信互联抢先布局的,获得了先行者优势。

随着猪联网规模的不断扩大,猪联网平台已成为国内最大的"互联网+"养猪服务平台,这是农信互联多年深耕养猪业的结果。在网络外部性作用下,农信互联已具备赢者通吃的规模优势。

3) 通过创新资源,实现平台迭代升级

众多互联网公司在红海厮杀的时候,农信互联另辟蹊径,聚焦于养猪产业互联网这片蓝海。通过平台模式,创新地解决养猪行业主要痛点难题,为公司发展开创一片天空。

平台战略的关键是建立完善的生态系统用于支持平台竞争。农信互联以"平台经济"为契机,聚合孤岛式的产品和服务,并吸引各种资源加入猪联网平台,构建"互联共赢"

的生态模式。农信互联探索创新形成的猪联网生态,把饲料、兽药等投入品厂家、养猪场、中间商、屠宰企业等相关的主体都连接起来,形成了一个以猪为中心的生态运营闭环。在这个生态链中,农信互联通过平台入驻服务,交易中间服务和金融服务,为公司带来极大收益,形成公司的独特的创新盈利模式。

企业集中资源重点打造猪联网,业务模块得到不断创新、完善升级。各业务模块相互依存,互联共生。农信互联多年的耕耘,提高了猪场管理水平和生产效率,并且使生猪产业链上下游得到了有机融合,促进了产业转型升级。随着多年的技术积累和产品迭代、创新,猪联网不断焕发新的生命力。平台用户随之不断增加,客户从猪联网平台中获得了更多的价值。农信互联由此获得了客户的信赖和良好的口碑,增强了客户黏性,从而实现业务的持续增长。

4)利用财务资源,把平台做大做强

农信互联的融资能力不容小觑。在创业初期,主要依靠母公司进行融资。在公司发展中期,农信互联解决了养猪产业链上经营主体信息不对称问题,由此获得银行和保险公司等金融机构的外部融资,用于养猪产业链的金融服务。目前,公司的猪交易和猪金融两项主要业务,已经给公司带来可观的收益。从财务角度来看,运营活动带来的资金量呈现良好发展势头,其内部造血能力也越来越强大。财务资源能力的演进,是猪联网平台做大做强的重要经济支撑。

农信互联之所以能把"互联网+养猪"做成,除了它找到了行业痛点,然后和自身资源、能力匹配,做成全国性的互联网大数据平台,它还可以做竞争者不能做的,或者早于竞争者进行布局,从而形成战略竞争优势。

农信互联倚靠大北农的现有组织资源,切入养猪产业互联网大数据平台;依靠技术和人力资源优势,占得平台发展的先机;随着猪联网规模不断扩大,在网络外部性作用下形成规模优势,赢者通吃。它通过创新资源,实现了平台的不断迭代升级,使平台始终处于领先地位,增强了客户黏性。而财务资源能力的演进,为猪联网平台做大做强提供了重要的经济支撑。

三、农信互联的核心竞争力是什么?

核心竞争力的概念及鉴别

核心竞争力又称核心竞争能力或核心竞争优势。它是企业特有的、持续的、具有延展性并且是竞争对手难以模仿或复制的能力。核心竞争力是企业某种关键资源或关键能力的组合,它可以使企业比竞争对手表现得更好。它是组织在长期的积累和学习过程中,逐步形成的。凭借核心竞争力,企业可以为其所提供的产品和服务增加独特的价值。

企业通过整合有形资源和无形资源,形成自己的能力,进而发展为核心竞争力。企业的核心竞争力是对所掌控资源的逐步提升。当企业发展到一定阶段后,需要通过可持续竞争优势的四个标准鉴别核心竞争力。通过分析价值链,将不擅长的环节外包,专注发展自身核心竞争力，进而形成可持续竞争优势，最终形成企业的战略竞争力。

识别核心竞争力的标准有四个：有价值的、稀缺的、难以模仿的、不可替代的。若某种能力满足这四个标准，即可判定其为核心竞争力（见图 2-6-5）。

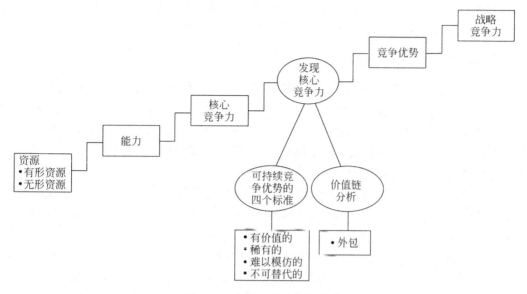

图 2-6-5　资源、能力与竞争力

核心竞争力鉴别

当前，企业正处于发现和鉴别核心竞争力阶段。农信互联的本质是一家服务于养猪企业的互联网公司。从价值链模型角度来看，作为一家服务于养猪业的公司，重点应该放在养猪产业链辅助活动上，如财务、管理信息系统和人力资源等。因此，公司依靠人才资源，将数据竞争力、整合全产业链的能力打造为公司的核心竞争力。

以下从鉴别核心竞争力的四个标准来进行分析。

1. 数据竞争力

价值性：是有价值的。猪联网平台积累了大量的客户信息、生产数据、交易记录、信用数据和行为数据等，这些数据积累形成了农信互联的大数据资产。通过农信互联进一步开发，这些数据可以被用来提升猪场生产效率，降低成本，也可以发展形成农信互联的征信和风险控制能力，进而为发展"猪金融"业务打下基础。

稀缺性：符合稀缺性特点。平台大数据资源的应用开发是农信互联率先进行的。目前，已形成基于大数据的征信和风险控制机制，这是难能可贵的。另外，农信互联的生猪交易数据来源——"国家生猪市场"，是国内唯一的国家级生猪交易平台。

不可模仿性：较难模仿，它是农信互联整合内部有形和无形资源的结果。这些资源竞争对手难以复制。

不可替代性：在一定程度上不可被替代。农信互联从养猪场大数据出发，发展到大数据分析、处理和共享，然后到大数据价值的应用，即精准营销、风险控制、征信应用这三大方面。其开发创造的价值远远超过其他竞争者创造的价值。

结论：数据竞争力是核心竞争力。

2. 整合全产业链的能力

价值性：具有价值。猪管理、猪交易、猪金融、猪服务和农信贷联等将信息流、资金流甚至物流的融合，使得多种业务之间发挥了极大的协同作用，相辅相成，互联共生。由此，提升了产业链效率，促进了产业升级。同时，也为公司带来商业价值。

稀缺性：具有一定的稀缺性。布局全产业链需要企业对"互联网＋养猪"各环节均有一定的专业知识和运作能力，一般公司难以做到。

不可模仿性：难以模仿。农信互联用互联网的力量连接养猪生态链上的各类经营主体和资源，形成自己的竞争优势。在其布局的养猪生态产业链中，部分业务易被模仿；但另一部分业务具有一定的行业壁垒，其他竞争者如阿里巴巴、京东、久翔软件等都只能涉足产业链中的一部分，但不能复制农信互联布局的整个养猪产业链。

不可替代性：不可被替代。农信互联聚焦养猪业，先人一步做成了强大的养猪业360度生态。这个生态产业链闭环形成的壁垒，足以抵挡其他竞争对手。因此，具有不可替代性。

结论：整合全产业链的能力是公司的核心竞争力。

3. 财务能力

价值性：有价值的。农信互联的融资能力和财务风险控制能力，为发展"猪金融"业务提供了重要的支撑。而"猪金融"业务是为外部客户和公司内部带来价值的源泉。

稀缺性：有一定稀缺性。农信互联借助自有的征信和风险控制模型，为产业链经营主体提供场景化的金融服务，只有少数企业能做到。

不可模仿性：可以模仿。农信互联财务能力的独到之处在于征信和风险控制机制，随着社会征信体系的逐步建立，可以被模仿。

不可替代性：可被替代。具有金融背景的农牧公司，可以很容易替代农信互联的"猪金融"，如新希望集团的"希望金融"。

结论：财务能力不是其核心竞争力。

4. 组织能力

价值性：有一定价值。农信互联的组织资源，是公司获得客户的基础，也是公司区别于一般互联网公司，并获得竞争优势的所在。

稀缺性：具备稀缺性。农信互联遍布全国的营销中心和基层团队，覆盖了国内重要的生猪养殖基地。业内大多数竞争者不能做到。

不可模仿性：难以被一般企业模仿。农信互联的组织能力，是母公司大北农在畜牧业耕耘多年的结果。竞争对手若要模仿，需要一定的时间和投入。

不可替代性：一定程度可被替代。拥有运作经验的农业互联网企业，在资本推动下可以业务范围推广到全国，也可以"挖墙脚"，把农信互联的人才占为己用。

结论：组织能力不是公司的核心竞争力。

综上分析，数据开发应用能力和整合产业链能力，可以满足可持续竞争优势的四个标准，是农信互联的核心竞争力所在；而财务能力和组织能力，存在可被模仿和可被替代的问题，不是其核心竞争力。公司要把战略重点放在数据开发应用能力和整合产业链能力这两方面。

四、面对非洲猪瘟，您认为农信互联该如何应对？

核心竞争力与企业战略的关系

核心竞争力在企业的发展道路上发挥着至关重要的作用。企业制定发展战略，应服从于企业的战略目标，更取决于核心竞争力与企业自身的资源、能力相匹配的程度。只有建立在核心竞争力基础上的企业战略，才能使企业不断保持竞争优势，从而在激烈的市场竞争中立于不败之地。

下文以农信互联的核心竞争力为落脚点，结合农信互联的战略方向，提出非洲猪瘟形势下的应对策略。

1. 利用其大数据优势，做猪肉产品全程追溯

当前，受经济和技术发展的限制，中国还没有建立强制性的国家动物产品可追溯体系，而第三方平台在为消费者和企业提供可信的和中立的保证方面具有优势。猪联网已覆盖生猪产业链上下游，从生产资料厂商到猪场、屠宰场、经销商等经营主体，通过由此获得的全产业链大数据，农信互联可以实现猪肉产品全程追溯。其用途分为以下两个方面：

（1）通过大数据优势，助力猪瘟疫情防控。在猪场通过体温检测、外貌休征等健康数据，第一时间侦测到疫情。若产业链某一环节发现疫情，可以实现精准溯源、锁定嫌疑范围，然后根据影响范围，及时采取有效防控措施，遏制疫情的进一步传播，从而使疫情带来的损失降至最低。

（2）通过大数据优势，做猪肉产品供给侧改革。结合终端消费升级需求，农信互联可以把重点放在发展高品质的可追溯的猪肉产品上。"爱迪猪"，它是农信互联与地方养猪企业合作的产物。这种可追溯的猪肉，符合消费者对食品安全的心理需求，是农信互联新的盈利增长点。公司可在现有品牌基础上，继续扩大生猪养殖合作企业清单，加大营销力度，增强品牌影响力和消费者对农信互联的认知度。

2. 借助整合全产业链的竞争优势，助力养猪产业转型升级

非洲猪瘟常态背景下，农信互联可以从全产业链角度，给出非洲猪瘟整体解决方案。在产业链上游，采用"优选+集采"方式严格把关猪场投入品；在养殖环节，发挥智能化系统优势，减少生猪与人员接触；在消费环节，提供猪肉产品追溯，消除顾客对猪肉产品的安全疑虑。在恢复产能方面，农信互联可以提供专项贷款，助力猪场扩大生产和改造基础设施；在疫情风险保障方面，农信互联可适时推出养殖综合疾病险、意外捕杀险，降低生猪意外死亡带来的损失。

这种从全产业链布局的解决方案，对养殖户来说是强有力的兜底；对农信互联来说，也是促进业绩增长的好机会。农信互联可以通过这种差异化的产品或服务，使企业利润最大化。

3. 在核心竞争力基础上，进行多元化布局

在猪联网积累的资源和能力基础上，农信互联已初步孵化出涉及农企的"企联网"、水产养殖业的"渔联网"、蛋鸡养殖业的"蛋联网"、柑橘种业的"柑橘联网"等。当下，农信互联可凭借自身核心竞争力，整合外部资源，在农业细分领域中发展壮大"X联网"，迅速占领市场，进行相关多元化布局，分散风险，发挥协同效用，将农信互联打造成最具影响力的农业数据化平台。

第四节　关键要点

一、平台经济

平台经济是一种基于数字技术，由数据驱动、平台支撑、网络协同的经济活动单元所构成的新经济系统，是基于数字平台的各种经济关系的总称。平台化代表了一种方向与趋势，从经济学领域的双边市场理论转移到管理学领域的战略管理。平台经济具有市场多边性、增值性、网络外部性和开放性等特征。

二、核心竞争力

企业核心竞争力是一个企业的竞争优势之源，是某一组织内部一系列互补的技能和知识的组合，是使一项或多项关键业务达到行业一流水平的能力。核心竞争力有五个识别标准——不可模仿性、不可交易性、互补性、组织性和持久性。

案例七分析

第一节 适用课程与教学目的

一、适用课程

本案例适用于"战略管理""创业管理"等课程教学。

二、教学目的

本案例通过研究上海华维节水灌溉股份有限公司（以下简称"华维节水"）从创立到发展壮大的过程，引导学习者分析并理解企业生命周期不同阶段的战略选择。首先从创业背景出发，分析行业选择的原则；进而梳理企业发展不同时期所面临的首要问题和解决方案；最后，利用波特五力模型分析企业所处行业的竞争形势，并结合企业自身能力和资源，启发学习者思考企业未来的战略选择。

第二节 分析思路

本案例以华维节水中标"一带一路"倡议中的设施农业项目为切入点，回顾华维节水成立17年以来的成长过程，以此引导学习者掌握行业选择原则、企业生命周期理论、企业战略选择等知识点，使学习者对行业选择及战略分析有一个全面而清晰的认识，并能够利用分析工具有逻辑地、系统地分析该企业并尝试决策企业下一步的战略发展方向。

案例分析思路如下：

第一，以华维节水中标"一带一路"设施农业项目为切入点，使学习者对现代农业、智慧农业和华维节水产生兴趣。

第二，描述华维节水创始人的个人背景和创业背景，启发学习者利用行业选择原则进行行业选择分析。

第三，通过描述企业初期面临的困难和故事，启发学习者思考企业初创期的首要问题和战略选择，引导学习者分析华维节水是如何争取订单并维护客户的。

第四，通过刻画华维节水与代加工企业间产生的产品质量问题，启发学习者思考企业成长期面临的首要问题和战略选择，引导学生分析华维节水为何会选择构建自主生产体系和研发体系。

第五，通过对节水灌溉行业和华维节水企业发展现状的描述，引导学生学习利用波特五力模型对同行业竞争者、潜在进入者、替代者、供应商和消费者环境进行系统分析。引导学习者就华维节水下一阶段的战略选择提供参考建议。

案例详细分析思路与步骤如图 2-7-1 所示。

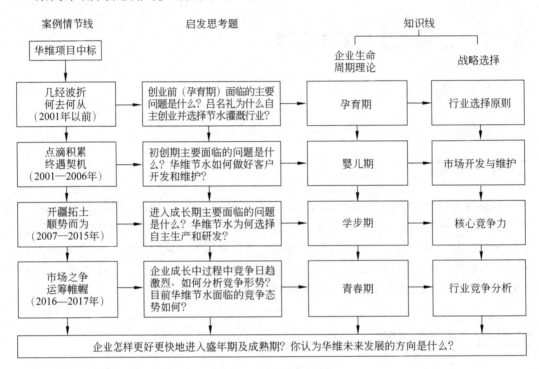

图 2-7-1 案例分析思路

第三节 理论依据与分析

一、创业前（孕育期）面临的主要问题是什么？吕名礼为什么会自主创业并选择节水灌溉行业？

企业孕育期的战略选择——行业选择原则

行业选择原则，包括吸引力原则、相关性原则和差异化原则三种。行业吸引力原则强调选择平均利润率高、整体处于上升期的行业进入,这是产业组织理论的重要主张。相关性原则是指选择自己熟悉擅长的行业进入,以最大限度提升创业的成功率。差异化原则一方面是指企业所提供产品或服务的细分领域中存在的市场竞争对手较少,能够在该市场细分领域独树一帜;另一方面是指企业新进入的行业与原来主业相关性较小,跨度较大。

案例中吕名礼在决定是否创业和选择行业时,综合考虑了三项行业选择原则。

1. 吸引力原则

案例中,2001年吕名礼创业时,国内节水灌溉市场刚刚起步,竞争对手极少,市场基本处于一片蓝海。此时行业平均利润空间非常大,尚属于"暴利"阶段。根据吸引力原则,节水灌溉行业具备很强的吸引力。

2. 相关性原则

吕名礼出身农村,就读于中国农业大学农田与水利专业,毕业后的第一份工作也与农业用水有关。从家庭背景、教育背景、工作背景三方面考量,创业者对节水灌溉行业非常熟悉,具备进入该行业的条件。

3. 差异化原则

与当时市场生产型为主的节水灌溉企业相比,吕名礼最初创业时,并未选择以生产实物产品为主,而是借助自身的专业知识背景和从业经验,针对不同类别的客户需求提供个性化解决方案。充分利用自身优势,成功规避了创业初期资金匮乏的劣势,符合行业选择的差异化原则。

二、企业在婴儿期面临的主要问题是什么?案例中,华维节水是如何做好客户开发与维护的?

企业婴儿期的战略选择——市场开发与维护

婴儿期是创业企业的高危期。市场尚未打开,客户数量少,企业资金匮乏,人员配置不完整,产品或服务专业化水平低,加之竞争对手的打压,创业企业面临诸多困难。创业者面临的挑战就是如何快速、高效地满足尚未被发掘的市场需要。以上种种问题中,企业在婴儿期首先需要解决的是市场问题。市场是企业生存的根本和利润来源。在这一阶段,企业的战略目标就是生存下去。如何开发客户、维护客户,争取源源不断的订单,使企业能够存活,是这一阶段企业面临的首要问题。

此时创业者应主动寻求可供利用的市场间隙,集中资源于少数产品和市场上。由于企业知名度较低,企业应采取加大广告投入和各种促销措施来吸引消费者。

华维节水在婴儿期,亟须拓展市场。而资金的匮乏又不容许其通过传统的投放广告等宣传渠道吸引客户。为了生存,企业需要寻找性价比极高且有创造性的宣传方式开发新客户,同时竭尽所能维护老客户,从而逐步开拓市场,使企业获得持续的产品订单。

1. 客户开发

21世纪初期,互联网浪潮刚刚兴起。成本低,覆盖面广的网上宣传模式成为创业企业的宣传利器。面对这一新兴工具,国内很多创业者并未完全理解并加以使用。吕名礼在做编辑期间,有机会接触到了互联网宣传,对此有一定的认识和了解。因此,在创业初期,吕名礼抓住了时代脉搏,自学网站设计与开发,建立我国较早期节水灌溉行业网站之一的"中国灌溉在线"综合性网站。该网站集行业资讯、政策标准、产品购销等信息为一体,不仅为节水灌溉行业做出了贡献,更成为企业有力的宣传渠道和平台。而其在企业婴儿期就关注品牌的创建和积累,设计企业logo,提出企业愿景、使命、价值观等,为通过互联网吸引海外客户奠定了坚实基础。

坦桑尼亚600万元订单看似"凭空出现",实则为华维节水厚积薄发。正是因为企业创业初期选择互联网的宣传方式,使得产品宣传突破地理的市场边界,成功获取国际客户。2006年坦桑尼亚玫瑰园项目,是华维节水创立以来的第一桶金,不仅为企业日后发展壮大提供了资金基础,更为企业在国内进一步宣传提供了成功案例。

2. 客户维护

虽然是委托代工生产模式,但是吕名礼在最初创业时就不单纯追求利润率,而更看重产品质量和企业信誉带来的长久收益。在委托合同里,吕名礼对产品标准都会做出明确地要求,严格把关,高质量满足顾客需求。如果产品出现任何问题,华维节水都会主动承担相应损失,而不会选择推脱、逃避。

从少林寺花坛事件中可以看出华维节水对客户负责的态度。少林寺的订单额度和赔偿额度都不大,但对于尚处于婴儿期的华维节水来说仍是不小的压力。吕名礼在这一阶段选择主动赔偿是需要一定的勇气和担当的。也正是这样的勇气和担当,华维节水不仅没有丢失出现问题的客户,更提升了在这批客户心中甚至行业内的信用度。为华维节水赢来了十几年的合作伙伴。从财务角度看,客户维护短期内可能盈利不高甚至亏损,但从长期来看,企业能获得更多的利润回报。

三、企业进入学步期主要面临的问题是什么？华维节水为何选择自主生产和研发？

企业学步期的战略选择——打造核心竞争力

企业进入学步期，发展速度加快，实力逐渐增强，专业化水平也有所提升。随着市场占有率提升，企业与竞争对手的竞争加剧。这一阶段企业的战略目标是培养和形成自身的核心竞争力，与竞争对手相比更好地满足客户需求，在激烈的市场竞争中占据有利位置，树立品牌形象。

华维节水决定构建自主生产体系主要归因于两方面力量推拉。

1. 拉力——客户需求不断升级

市场上客户数量的增加，伴随着不同客户群体需求多样性的快速增加。在婴儿期，华维节水能够打开市场的关键之一就是能够依靠自身专业知识，针对不同客户的不同作物进行个性化设计和服务。而多样化的产品需求需要数量众多的供应商提供，供应链管理复杂，效率较低，使得华维节水在现有管理水平下难以进一步拓展市场。

2. 推力——OEM 产品品质缺乏稳定性

华维节水的供应链上游的代工企业多为小微企业，缺少契约精神和长远战略意识，使得作为中间主体的华维节水时常遇到不能按时交付产品、产品质量出现问题的窘境。而产品质量在这一阶段对树立企业口碑和品牌具有至关重要的作用。

在节水灌溉行业，市场细分两极分化，生产企业大多集中在低端市场和高端市场。

在低端市场，滴灌带、灌溉头、辅助设备等主要为塑料制品，不需要太高的技术含量，进入门槛低，生产者众多，鱼龙混杂。低端市场的主要客户为我国北方地区玉米、大豆等大田作物生产者。其作物特性不需要太精细的水量管控，对灌溉设备的质量要求也不高。

在高端市场，产品主要用于我国南方蔬菜、花卉等经济作物的灌溉，对滴管设备的精细化程度、管件管材的使用寿命等提出了很高的要求。举例来说，应用在农业生产中不同作物的单位出水量是否均衡、适度，需要结合流体力学、机械设计制造、农水植保、农艺园艺等多学科的综合研究。农业是带有生命的产业，其生产环节具有复杂性。华维节水如果在学步期希望进一步拓展市场，形成自身品牌，就必须建立自己的生产体系和研发体系，逐步形成自身的核心竞争力。

在生产方面，华维节水经过婴儿期行业高利润的阶段，已积累一定的自有资金，具备自行投资建厂的条件。

在科研方面，吕名礼毕业于中国农业大学农田与水利专业，与该专业领域全国最先进的科研机构有天然交集，具备依靠高校科研院所提升产品研发水平的条件。

外部环境中，客户的"拉"，供应商的"推"，为华维节水自主生产创造了客观条件。内部环境中自由资金的充分积累与高校科院院所的紧密联系，使得华维节水具备了自主生产的能力。两者结合，促成华维节水由服务型企业向"生产＋服务"型企业的转型。

四、企业在青春期面临的市场竞争日趋激烈，如何分析竞争形势？目前华维节水面临的竞争态势如何？

波特五力分析模型——行业竞争分析

波特五力模型由迈克尔·波特教授于20世纪80年代初提出。行业中存在五种决定竞争规模和程度的力量，这五种力量综合起来影响着产业的吸引力以及现有企业的竞争战略决策。五种力量分别为行业内竞争者间的抗衡、潜在加入者威胁、替代品的威胁、供应商讨价还价能力、购买者讨价还价能力，见图2-7-2。

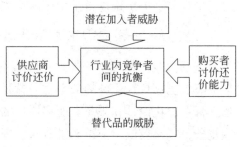

图2-7-2 波特五力模型

1. 行业内竞争者间的抗衡

现有企业之间的竞争常常表现在价格、广告、产品介绍、售后服务等方面，其竞争强度与市场需求、竞争者提供的价格、竞争者提供的产品和服务、用户转换成本等许多因素有关。

2. 潜在加入者威胁

潜在加入者威胁的严重程度取决于两方面。

1）进入新领域的障碍大小

包括规模经济、产品差异、资本需要、转换成本、销售渠道开拓、政府行为与政策、不受规模支配的成本劣势、自然资源、地理环境等。

2）预期现有企业对于进入者的反应程度

现有企业对进入者采取报复行动的可能性大小，取决于有关厂商的财力情况、报复记录、固定资产规模、行业增长速度等。

总之，新企业进入一个行业的可能性大小，取决于进入者主观估计其进入行为所能带来的预期收益、所需成本与所担风险三者的综合情况。

3. 替代品的威胁

替代品威胁的决定因素主要包括与现有产品相比,替代品的价格、质量、用户转换成本等。

4. 供应商讨价还价能力

供应商力量的强弱主要取决于其提供给买主的投入要素。当供应商所提供的投入要素的价值占买主产品总成本比例较大,或对买主产品生产过程非常重要,或严重影响买主产品质量时,供应商讨价还价能力大大增强。

5. 购买者讨价还价能力

购买者主要通过压低产品价格、提高产品或服务质量,影响行业中现有企业盈利能力。购买者讨价还价能力的决定因素包括对品牌的认同、价格敏感程度、购买量、转移成本等。

通过波特五力模型,可以较为全面地分析企业在市场中所处的竞争态势,尽最大可能做到知己知彼,进而避其锋芒,以强攻弱,明确自身企业的产品定位和发展方向,制定具有针对性的竞争战略。

经过17年的发展,华维节水已从2001年最初的"婴儿"逐渐成长为"青年"。其在市场中面对的竞争态势更为复杂和严峻。应用波特五力模型对华维节水现阶段的竞争态势分析如下。

1. 行业内竞争者间的抗衡

截至2018年,中国水利企业协会灌排企业分会中注册的企业会员有330家,这330家是具备一定规模的企业,而我国灌排企业的实际数量估计达到十万家规模。绝大多数企业规模小,各种专业技术人员匮乏,研发和创新能力很弱,大量存在于低端市场中。

在高端市场,技术含量、制造工艺均较高的产品主要为国外品牌。从全球节水灌溉设备行业来看,以色列、美国等国家在研发和制造领域始终处于世界领先地位,长期垄断了世界上高端节水设备市场。其中具有代表性的企业有以色列的耐特菲姆、普拉斯托,美国的雨鸟、亨特、托罗等。

2010年以来,随着我国对节水灌溉设备的大力推广和政策补贴支持力度的不断增加,国内节水灌溉设备研发制造水平快速提升。一些国内自主品牌的节水灌溉产品已在质量上接近发达国家水平,并凭借价格上的优势形成与国外品牌在高端市场竞争的格局。表2-7-1列举了国内节水灌溉行业上市公司的基本情况。其中,大禹节水和新疆天业为国内规模最大的两家节水灌溉企业,润农节水为华北地区最大的节水灌溉企业。

表 2-7-1　国内节水灌溉行业上市公司基本情况

公司名称	公司代码	产品产能	市场区域	2016 年营业收入/万元	2016 年净利润/万元
大禹节水	300021	滴灌管 26 亿米、管材 14 万吨、管配件 1 000 吨、喷灌机 1 000 台	西北、华北、东北	102 919.58	6 201.18
新疆天业	600075	600 万亩节水器材	西北地区	559 739.23	44 200.93
京蓝科技	000711	400 万亩节水器材	内蒙古东部和东北地区	46 081.36	1 896.44
润农节水	830964	滴灌带 5.13 亿米，PE 管材 0.1 亿米，PVC 管材 6 377 千米	河北、内蒙古	34 816.41	4 068.28
东方生态	430091	代理国外产品为主	华北、华南、西北、华东	4 398.76	499.69
喜丰节水	833522	内镶扁平滴头滴灌带生产设备采用国内最先进的滴灌带生产线	吉林；出口美国、俄罗斯等 20 国	13 137.14	158.69
华维节水	835537	80 万亩节水器材	华东、西南、华南、华北	8 600.23	1 102.67

资料来源：公开数据与报告。

由此，在与行业内竞争者抗衡方面，华维节水在国内中低端市场竞争力较强，鲜有能够与其抗衡的对手。但在中高端市场中，面临与国内外知名品牌的直接竞争。

2. 潜在加入者威胁

节水灌溉整体行业集中度不高，市场呈现向高端和低端两头集中的特点。在低端市场，技术壁垒、资金需求等门槛不高，且国家 2008 年来不断出台促进节水灌溉的政策利好使得潜在加入者数量众多。但在高端市场，由于技术积淀、研发能力、生产规模因素的制约，已经形成一定的行业门槛，潜在加入者的威胁不高。

华维节水目前处于行业的中高端，主要竞争对手为现有国内外高端品牌。由于高端市场行业门槛制约，潜在加入者的威胁程度有限。

3. 替代品的威胁

华维节水主要为经济类作物的生产者针对其种植品种提供个性化的解决方案和节水灌溉产品的施工实施。在节水灌溉的产品中，有部分产品可以被其他产品替代，如绿化园艺等相关领域的类似产品。

然而，大多数的经济类农产品生产者对节水灌溉设备的需求是系统性的，难以通过简单整合碎片化的替代品进而形成高效灌溉体系。华维节水自身的专业背景、完善的产品体系和专业服务体系，使其在此细分市场较难被替代品威胁。

4. 供应商讨价还价能力

节水灌溉的原材料以石化产品为主。在这一领域，供应商数量众多，选择空间大。但供应商供应的原材料产品同质程度高，区别不大。石化产品与原油关联程度高，受原油价格波动影响明显，价格相对透明，供应商的议价能力较弱。

5. 购买者讨价还价能力

节水灌溉的购买者主要分为两类，一种是大田作物生产者，一种是经济作物生产者。大田作物生产的购买者其购买成本中很大比重由政府给予补贴，购买形式以招标为主，其对价格敏感程度较高。而经济作物生产的购买者多为民营工商企业或农户，其购买目的明确，为提高生产效率，降低生产成本，从自身成本收益角度自主采用节水灌溉设施。节水灌溉市场中生产商数量众多，竞争激烈，产品信息透明。该市场已基本形成完全竞争，购买者讨价还价能力较强。

节水灌溉行业整体集中度不高，中低端市场门槛低，行业内部价格竞争激烈，潜在加入者和替代品威胁较大。中高端市场具有一定的行业门槛，行业内部品牌竞争激烈，潜在加入者和替代品威胁较小。节水灌溉行业的供应商以石化产品原材料为主，受原油价格波动影响较大，价格相对透明，供应商讨价还价能力较弱。而该行业的购买者对产品价格敏感，已基本形成完全竞争市场，购买者讨价还价能力较强。

由此，华维节水需结合自身现阶段具备自我研发、自我生产、个性化服务的"研发+产品+服务"模式基础，避免陷入技术含量低、利润空间低、潜在加入者和替代品威胁大的低端市场竞争。集中优势资源，进一步向高端市场靠拢。供应商的讨价还价能力较弱，使得行业整体生产制造成本相差无几。而购买者讨价还价能力较强，给予了华维灌溉利用国内外同质产品的价格差进一步拓展市场的机会。由此，产品研发和产品质量成为华维节水在高端市场快速打开局面，迅速提高市场份额的关键要素（见图 2-7-3）。

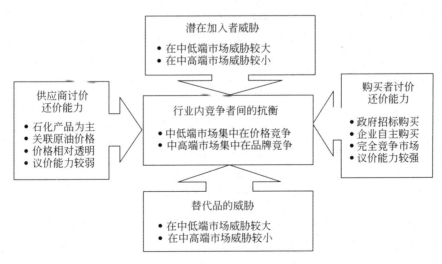

图 2-7-3　华维节水行业竞争五力模型分析

五、企业怎样能更好更快地进入盛年期及成熟期？你认为华维节水未来发展方向是什么？

此问题为对华维节水未来发展的战略决策预判，为开放式问题。教师仅提供以下基础资料，供学生充分讨论，不做方向性引导，但要注意有逻辑地、递进式地分析问题。

1. 节水灌溉行业

我国是一个水资源贫乏的国家，被列为世界上 13 个最贫水国之一。人均水资源占有量约为 2 100m^3，仅相当于美国的 1/5。我国水资源匮乏且分布不均，农业灌溉用水利用效率低下，大力发展节水灌溉是缓解我国水资源紧张，提高农业生产效率的必然途径。

我国节水灌溉行业起源于 20 世纪 80 年代，初期发展较为缓慢，进入 21 世纪第一个十年后，伴随农业生产由提高生产效能向提高生产效率转型的快速发展。至今，我国节水灌溉行业从无序到初步有序，市场逐步规范，产品品种、质量、技术水平、信息化程度都有较大提升。

然而，纵观整个节水灌溉行业整体，其发展水平与现代农业生产需求仍有一定差距。优质产品供给不足，存在一定程度的"劣币驱逐良币"现象。在国家供给侧改革、现代农业转型、"一带一路"倡议等大背景下，拥有优质品牌的节水灌溉产品的市场需求将持续增长，市场空间巨大。

2. 华维节水现阶段面临的主要问题

华维节水现处于高端市场跟随者的位置。如决策继续坚持走高端产品路线，应进一步提升企业内部管理水平。在婴儿期、学步期，甚至青春期的管理模式已不再适用企业现阶段和未来的发展需要。目前，吕名礼认为企业亟待解决以下四个问题。

1）高级管理人员匮乏，难以形成团队战斗力

华维节水目前有员工 187 人，核心技术人员平均年龄 31 岁，是一个年轻向上的团队（见图 2-7-4）。人员构成相对稳定，销售团队、采购团队、研发团队的核心人员都在公司工作十年以上。企业凝聚力强，企业文化良好。

图 2-7-4　华维节水主要员工结构图

然而，随着企业员工人数不断增加，吕名礼迫切需要具有较高水平管理能力的人才形成管理团队，共同将华维节水快速向前推进。吕名礼也尝试从国内外大公司挖掘一些高管加入团队，但均以失败告终。很多高管来到企业时间不足一年就以行业不熟悉、理

念有冲突等为由离职。目前企业"狮子带群羊"模式如何能够转变为"狼群"模式，是吕名礼每天都在苦思的问题。高管人才匮乏已成为华维节水下一步快速发展的瓶颈。

2）产品销售如何从"政府订单"向"市场订单"转型？

从销售额的结构来看，华维节水2017年产品销售额的70%由直销产生，客户包括政府、企业和一些零散农户。剩余30%由经销产生，主要由经销商和加盟店间接产生订单（见图2-7-5）。

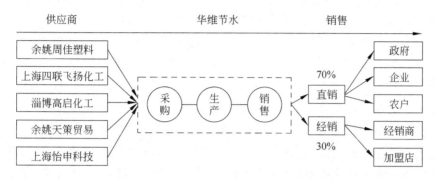

图 2-7-5 华维节水上下游产业链体系构成

华维节水的现有管理能力和人员构成已无法继续支撑直销客户的进一步拓展。同时，随着节水灌溉给农业生产企业带来的效率提升和经济回报逐步显现，原本依靠政府补贴的客户已开始向自主购买转型。更为分散的"市场订单"对企业的销售模式提出了新的挑战。

3）现代金融工具利用不足制约企业发展速度

2017年，华维节水企业注册资本2 080.61万元，2014—2016年营业收入连年增长，从5 643万元增长至8 600万元。净利润在同一时期内也保持增长，由2014年的354万元增长至2016年的1 163万元（见图2-7-6）。同时，华维节水从未向银行或其他任何渠道贷过款，完全由自有资金发展至今。财务方面的偿债能力、流动性、盈利能力极好。

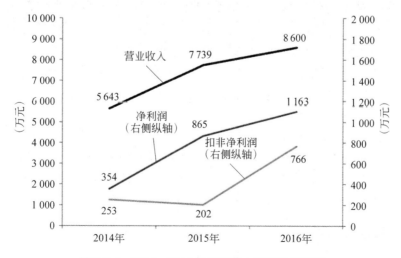

图 2-7-6 2014—2016年华维节水主要财务数据

企业从未进行过贷款、借债、融资，对于现代企业来说是相当罕见的。这也是吕名礼后来邀请的财务总监来到企业时颇为惊讶的一点。现代金融工具利用不足严重制约了华维节水的发展速度。如何在企业发展的下一阶段解决这个短板，也是农水技术出身的吕名礼面临的主要问题之一。

4）生产环节仍需升级换代，鸟枪换炮如何实现？

华维节水每年都会将利润的10%~15%投入到研发中，并与中国农业大学、中国农科院等科研院所一直保持密切合作。华维节水目前可以提供8大类200多个品种的产品，但与国内甘肃大禹和新疆天业相比仍有一定差距。后两者都能够提供约1 500个品种的产品。产品品类的丰富程度决定了其为客户提供个性化解决方案的能力。

此外，目前华维节水的生产能力已接近极限，生产车间已基本24小时运转。产能还有待进一步提高，才能够满足未来订单增长的需求。

综上，华维节水面临的人员、市场、资金、生产等方面的问题分别如何解决？这些问题都是由于其进一步向高端市场演进而产生的。如果利用现有"势能"转型向中低端市场进军，以上各种问题均不复存在。而且，依靠华维节水现有能力完全可以在中低端市场较为轻松地分一杯羹。

上述四个问题如何解决？先解决哪个，后解决哪个？是否坚持高端市场的战略选择？分析逻辑是什么？学生们讨论后，再看看案例中2018年的吕名礼自己怎么说。

第四节 关键要点

1. 企业发展阶段划分及特点

企业发展不同阶段所面临的共性问题不同。创业企业和中小企业，不能盲目学习华为、阿里巴巴、温氏集团等已相对成功成熟的企业。创业企业和中小企业在发展前期要关注成功企业在同一时期的发展特点、面临问题和解决方法，才能够避免耗散本不充裕的资源。从战略上讲，所有企业，特别是处于发展前期的企业，需要集中精力和资源，将最优兵力投入到最优阵地，以强攻弱，才有可能在市场中立足并持续发展。

2. 企业面临问题的优先排序和战略选择

企业在不同发展阶段均面临诸多问题。市场营销、组织管理、生产研发、资金需求等方面问题长期存在。企业不可能同一时间同时解决上述所有问题。学生应以问题为导向，梳理企业所面临的各种问题，将其按重要和紧急的程度排序，集中精力和资源解决首要问题，做出符合发展阶段和自身实际的战略选择。

3. 分析问题的逻辑和框架

管理者往往思考问题的方式方法较为单一，也较为发散。貌似矛盾的两种思维方式同时存在于企业管理者的管理决策中。本案例学生要学习思考、分析问题的逻辑和框架。

　　管理的理论和智慧不需要太多太复杂，实用、适用即可。通过应用简单的理论和分析方法，引导学生规范分析问题的套路，做到考虑全面且明确方向，从而避免使企业在实际运行中犯低级错误，提高成功率。

教学支持说明

▶▶ 课件申请

尊敬的老师：

您好！感谢您选用清华大学出版社的教材！为更好地服务教学，我们为采用本书作为教材的老师提供教学辅助资源。该部分资源仅提供给授课教师使用，请您直接用手机扫描下方二维码完成认证及申请。

任课教师扫描二维码
可获取教学辅助资源

▶▶ 样书申请

为方便教师选用教材，我们为您提供免费赠送样书服务。授课教师扫描下方二维码即可获取清华大学出版社教材电子书目。在线填写个人信息，经审核认证后即可获取所选教材。我们会第一时间为您寄送样书。

任课教师扫描二维码
可获取教材电子书目

清华大学出版社

E-mail: tupfuwu@163.com　　　　　　　　网址：http://www.tup.com.cn/
电话：010-83470332 / 83470142　　　　　　传真：8610-83470107
地址：北京市海淀区双清路学研大厦B座509室　　邮编：100084